フリーターとニート

小杉礼子 編

FREETER and NEET

KOSUGI Reiko

NEET
FREETER

勁草書房

はしがき

「フリーター」という言葉は一九八〇年代末につくられ、次第に広まって現在では普通名詞化している。一方、「ニート」という言葉は二〇〇四年に流行語となった。どちらも若者の現代的状況を表すキーワードで、その急激な増加が社会的な波紋を呼んでいる。

さらに、どちらも定義があいまいである。あえて、ごくごくおおざっぱにいえば、学生でも主婦でも正社員でもない若い人で、アルバイトやパートで働いていれば「フリーター」、働いていなければ「ニート」だということになる。

その数を捉えようとして統計を加工するとき、「フリーター」には、無業だけれどアルバイトやパートで働きたいと思っている人を加えてきたために、「フリーター」二一七万人という場合には、その数に「ニート」が一部含まれている。

また、新たな政策対象として「ニート」という言葉を導入してきた経緯から、無業でも求職活動をしている人（＝失業者）は「ニート」から除外するのが普通である。仕事探しをしていない、非活動的な状況の若者は、これまでの労働政策では就業支援の対象とは考えられていなかった。そこに新たな議論を生む種として「ニート」が導入された。だから、今日の日本の議論では失業者を除くという加工を加えて「ニート」を数えている。加工の仕方や基になる統計によってその数字には幅ができ、およそ五〇万〜九〇万人程度と推測される。

この本では、その「フリーター」と「ニート」の実態を明らかにして、そうした状況の若者への就業支援のあり方を考えてみたい。

「フリーター」については、すでに多くのデータが提供されているので（小杉 2002 など）、この本では、まず「ニート」に焦点をあてて、さまざまな統計データを加工してその輪郭をえがく。

次に、労働政策研究・研修機構の研究会が行なった就業への移行が困難な若者へのインタビュー調査結果を基に、彼らがフリーターやニートに至ったプロセスと背景要因を分析する。この調査のユニークなところは、第一に、協力してくれた若者たちにはニート状態の人をはじめより多くの困難をかかえた人が多いこと、第二に、家庭背景や友達関係など、これまで十分捉えられなかった領域まで話が及んでいることである。それだけに、若者たちのかかえる困難の実態をより深く捉えることができたのではないかと思う。

なお、労働政策研究・研修機構の調査は、同機構報告書『移行の危機にある若者の実像――無業・フリーターの若者へのインタビュー調査（中間報告）』（二〇〇四年）としてすでに刊行されている。本書の第一章、第三章、および終章は、この報告書の第一章、第四章および終章を基に、それぞれ大幅に加筆したものである。

本書の共同執筆者である宮本みち子さんと堀有喜衣さんは、このインタビュー調査を実施した研究会のメンバーである。それぞれ家族関係と学校教育について研究蓄積の豊かな研究者で、本書でもそれぞれ主要な章を分担執筆していただいた。

インタビュー調査は、他の研究会メンバー、沖田敏恵さん、ヒュー・ウイッタカさん、長須正明さん、工藤啓さんの絶大なるご協力の下に実施された。特に、ニートをめぐるイギリスの議論は沖田敏恵さんにお教えいただいた部分が大きい。また、一部のインタビュー調査は大阪府立大学西田芳正さんを中心とする大阪の研究者グループと共同で実施した。妻木進吾さん、内田龍史さんをはじめ、西田チームの皆さんは大変精力的な仕事をされており、刺激を受けるところ大であった。本書は、こうした皆様との共同研究の賜物である。心より御礼申し上げる。

踏み込んだインタビューにも忌憚なくお答えいただいた五一人の皆様に心より御礼申し上げたい。書籍の形にすることで多くの方々にご覧いただき、現代の若者たちの困難な状況への理解をひろげ、次のステップに向けての議論の土台となることができれば、皆様へのご恩返しになるのではないかと思っている。

最後に、勁草書房の町田民世子さん、根気よくご連絡いただき、また、お待ちいただきありがとうございました。

二〇〇五年一月

小杉　礼子

フリーターとニート／目次

はしがき

序章　若年無業・失業・フリーターの増加

小杉　礼子

1　学校から職業生活への移行の変化

若者が大人になり、社会を構成する一人前のメンバーとなることは、社会にとっても個人にとっても重要な課題である。大人になることには、親の家計から離れ、自分の家庭を営み経済的に自立すること、あるいは、政治参加や納税の義務を果たすなど、様々な局面があると考えられるが、その中でも、職業を持ち、親の家計から自立した生計を営むことは重要な部分を占めるといえる。親の家計に依存して学校に通う状況から、こうした自立にいたるプロセスが「学校から職業生活への移行」である〔OECD 2000〕。

わが国はこれまで、若者のスムーズな移行を支えるシステムを持つ国として国際的に評価されてきた〔Ryan 1996, OECD 2000 など〕。それは、学校の組織的な支援の下に、卒業するかなり以前から求職活動をし、卒業と同時に安定した正規の職を得るという、新規学卒就職・採用のシステムである。特にこれは、少し前まで新卒就職者の半数以上を占めていた高校での就職の仕組みで顕著である。高校は卒業生の就職斡旋を自らの責任とし、大量の生徒を一斉に、一括して安定的な雇用へ移行させてきた。企業側はといえば、長期にわたる雇用を前提に、新卒者には特別な配慮をもって職業能力開発を行なってきたし、賃金や地位の上昇の期待にも副ってきた。こうした学校と企業の連携の中で、多くの日本の若者たちは職業生活へのスムーズな移行を果たしてきたといえる。

しかし、九〇年代初めの景気後退以降、新規学卒者への企業の採用意欲は大幅に減退してしまった。とりわけ、高校卒業予定者への求人は九〇年初めに比べれば八分の一にまで激減している。同時に、若年失業率も急上昇し、特に一五～二四歳の男性では一一%を超える高い水準になっている（二〇〇三年平均）。また、同時に増加したのが、フリーターである。二〇〇四年の『労働経済白書』によればその数は二一七万人に達し、一〇年ほどで倍以上になっているという。[1]

さらに同白書では、求職活動をしていない無業の若者の増加も指摘している。統計の上では、働いていない者は、仕事を探している（かつ、すぐ仕事につける）「失業者」と、仕事を探していない「非労働力」に分けられる。非労働力の若者といえば、学生・生徒や専業主婦が大半である。だが、最近ではそのどちらでもない若者が急激に増え、同白書では五二万人（一五―三四歳層）と推計している。[2]

これまでの新規学卒で就職して正社員になるという、日本型の学校から職業生活への移行のあり方は、今大きく変わり、若年失業者、フリーター、無業者を多く生むようになった。

こうした移行の変化に伴う若者の就業問題については、九〇年代末から「フリーター問題」として社会的関心があつまり、研究のうえでもフリーターの実態や問題点を明らかにする作業が進んだ。フリーターの就業実態については、「就業構造基本調査」の個票データ・特別集計や日本労働研究機構等による調査から、労働日数、労働時間については「半数弱の者は正規雇用者並みに毎日長時間働く」〔上西 2002〕という状況が明らかになっている。また、意識のうえでは、日本労働研究機構〔2001〕は、三年後には正社員や自営を望む者が大半であることを指摘し、「国民生活白書」〔2003〕は、もともと正社員を希望していた者がフリーターの七割を占めることを明らかにしている。こうした実態分析を背景に政策的対応も進み、フリーターは政府の「若者自立・挑戦プラン」のなかで、増加に歯止めをかける対象として強く意識されるようになった。

本書で明らかにしたいのは、こうした支援策から取り残されている若者たちの実態である。正社員並みに働いているフリーターではなく、また、正社員になろうと積極的に求人に応募している求職者ではない若者たちだ。すなわち、就業していない無業の若者や、就業しているとしても一時的な仕事だったり、ごく短時間だったりする若者たちである。

2　イギリスのニート（NEET）

学校から職業への移行がスムーズに進まない事態は、多くの先進諸国が経験してきたところである。若年失業問題はわが国よりはるかに前から深刻化し様々な対策が講じられてきた。こうした国々でも、最近では、求職活動をしていないという意味で失業者にもあたらない無業の若者への関心が大きくなっている。OECD〔2002〕は、加盟国の三分の一で、二〇〜二四歳の男性の五〜一〇％が、在学もしていなければ、労働市場にも参入していない状態だと指摘をしている。とりわけEU諸国においては、就業を通しての社会への統合を重視する政策をとっているだけに、こうした非活動的な状態の若者への懸念が広がっている。

そのなかでイギリスでは、学校に行っていない、仕事もしていない、職業訓練を受けているわけでもない若者をニート NEET（＝Not in Education, Employment or Training）と呼び、政策対象として特段の注意を払っている。

すなわち、一九八〇年代前半に若年失業率が二〇％近くにもなっていたイギリスでは、政府は職業訓練政策に力を入れ、義務教育就業後に、上級学校に進学せず、就職もしない場合は、職業訓練を受けるよう誘導する政策をとりつづけてきた。にもかかわらず、九〇年代末の調査では、一六〜一八歳人口の九％（一六一、〇〇〇人）が、学校にも、雇用にも、職業訓練にも参加していない「ＮＥＥＴ」の状態であることが指摘された。さらに、イギリスでは、近年、若年失業問題は大幅に改善しているが、一六〜一八歳でＮＥＥＴ状態にあった者は、その後も教育訓練に参加せず、長期的キャリア形成の可能性は低く、税金納入者ではなく様々な社会福祉給付受給者になる可能性も低くない。また、薬物乱用者や刑法犯、ホームレスになる可能性も低くないなど、彼らは、将来の社会的排除に結びつきやすい存在であることが指摘されている。

そして、この一六―一八歳での状況から生ずるコストを次のように推計する。すなわち、短期的なものでは各種手当てが八九〜九九年の間に一億七千万ポンド、青年犯罪関係で五億ポンド、薬物乱用で三二〜三七億ポンドに達し、さらに長期的には失業に対する支出（九八／九九年で一人平均三八九〇ポンド）、収入税・社会保障費（平均四四〇〇ポンド）の不納など、莫大な数字になっている。若者の実態分析に加えて、こうした社会的コストを推計し、予防のための教育的プログラムは効果の高い支出であるという認識をもって、イギリス政府は、新たな青少年対策を開始するに至っている〔Social Exclusion Unit 1999　沖田 2003〕(3)。

3　日本型ニート

3・1　日本型ニートの定義

日本では、少し前まで他の先進諸国に比べて若者の雇用状況は良好だった。そのため、若者就業問題への政府の本格的な取り組みは始まったばかりである。しかし、若年失業に苦しんできた他の国々の状況からは、失業問題に限らない、幅広い対応が重要であることが指摘されている〔OECD 2002〕。わが国でも、若年失業問題、フリーターの問題、そして加えて、無業の若者についても、対応を考えていく必要があるだろう。

では、日本ではニートをどう取り上げればいいのだろうか。

イギリスと同様に教育と雇用と職業訓練のいずれにも属さない一六—一八歳層と捉えるのが妥当かというと、職業訓練への誘導策をとってきたわけでなく、また高校進学率が大きく異なる状況を考えると、日本での問題設定は異なるだろう。このイギリスでの政策展開から学ぶべきことは、次の三点である。すなわち、日本での若者対策を考えるに当たって、第一に学校や企業に所属するといったしっかりした社会との関係をもっていないために生ずる将来の可能性が閉ざされがちな状態について、これを問題として見ること、第二に、そうした状態の人がハローワークなどのいまの政策的支援を十分活用していないとしたら、そこに問題があると見ること、そして、第三に、そのまま放置すると、社会にとってもコストになる可能性があるという視点から対策を考えることである。

そこで、日本でニート問題を考えるなら、「社会活動に参加していないため、将来の社会的なコストになる可能性があり、現在の就業支援策では十分活性化できていない存在」と捉えることを私は提案したい。

さらに、それを統計上で把握するために、次のような定義をとることにしたい。すなわち、日本型ニート＝「一五〜三四歳の非労働力（仕事をしていないし、また、失業者として求職活動をしていない）のうち、主に通学でも、主に家事でもない者」という定義である。

ここで、三四歳以下と範囲を広げたのは、最近の若年者就業問題では、三〇代前半までを視野に入れていることが多く、それとの連続性のためである。

また、年齢層を高くとると、家事に主に従事する専業主婦層が非労働力の多くを占めることになる。社会活動への非参加から社会のコスト化するという議論では、こうした専業主婦層ははずして考えることが妥当なので、「主に家事」に従事する者を排除することにする。

以下この定義で、各種の政府統計から日本型ニートを抽出して、その特徴をさぐってみよう。

図序-1　15〜34歳の人口に占める非通学・非家事の非労働力人口

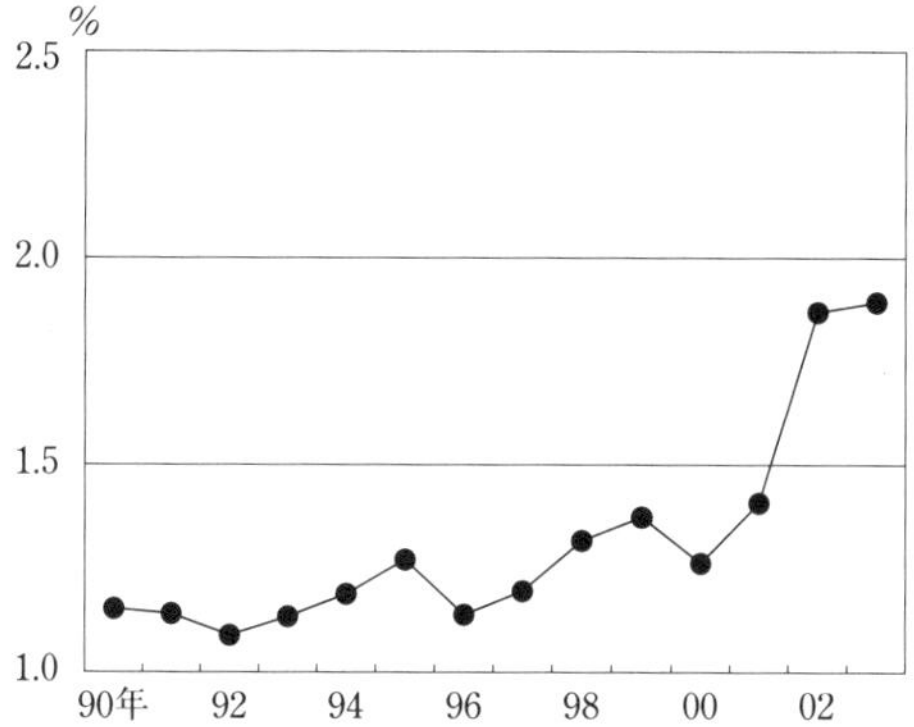

資料出所：総務省「労働力調査」(各年平均)

	90年	91	92	93	94	95	96	97	98	99	00	01	02	03年
実数(万人)	40	40	38	40	42	45	40	42	46	48	44	49	64	64
人口比(%)	1.1	1.1	1.1	1.1	1.2	1.3	1.1	1.2	1.3	1.4	1.3	1.4	1.9	1.9

3・2　日本型ニートの量・比率

まず、どのくらいの総量になるのか。労働力の状態を見る調査としては、最も一般的に用いられる「労働力調査」(総務省)を使って、それを見てみよう。図序-1に示したとおり、この定義によれば、二〇〇三年にはおよそ六四万人で、同年齢人口全体の一・九%ぐらいを占める存在となっている。その数および同一年齢に占める比率は九〇年代前半からやや上昇傾向にあったが、ごく最近の増加が大きい。

なお、先に紹介した『労働経済白書』では、同じく「労働力調査」をもとに、その元データの特別集計によって、ここで用いた定義よりも限定的な定義での推計を行ない、五二万人という数字を出している。ここでの推計と異なる点は、『労働経済白書』推計では、「在学中」と「既婚」の者を除いている点である。

元データを用いて特別集計をしているから「在学中」や「既婚」の者が排除できる。ここでは元データは扱えないので、先の定義で推計している。なお白書推計のわれわれの推計との違いは、「在学しているが通学していない非労働力」と「結婚しているが主に家事をしているのではない非労働力」が除かれている点である。前者は定義からして「不登校」の学生・生徒に当たるのではないかと思われる。彼らは、社会的組織への参加という点からは課題をかかえており、政策対象としては意識しておくべき層だと思われる。

3・3　日本型ニートの性別・年齢

次に、日本型ニートの特徴を見よう。まず、その構成を見ると、性別ではおよそ男性が六五％程度で女性より多い。年齢別には、一五―一九歳が二割弱を占め、二〇―二四歳、二五―二九歳、三〇―三四歳層はそれぞれ三割弱で同程度の比率である。性別、年齢別の構成比は九〇年代初めからほとんど変わっていない。

同一年齢層人口に占める比率としてはどうだろう。一五―三四歳全体では一・九％であるが、年齢段階によってこれは異なる。図序-2では、一五―一七歳の特に若い年齢層、すなわち一般的な高校在学中の年齢に当たる年齢層を除くと、若いほど日本版ニートになりやすいこと、さらに、それが九〇年代末ぐらいからより明らかな傾向となっていることがわかる。高校進学率が非常に高い日本では、イギリスと違って、高校在学年齢でのニートは少ないが、高校卒業以降では、若いほどニートになりやすい傾向がある。

図序-2　日本型ニートの年齢段階別出現率

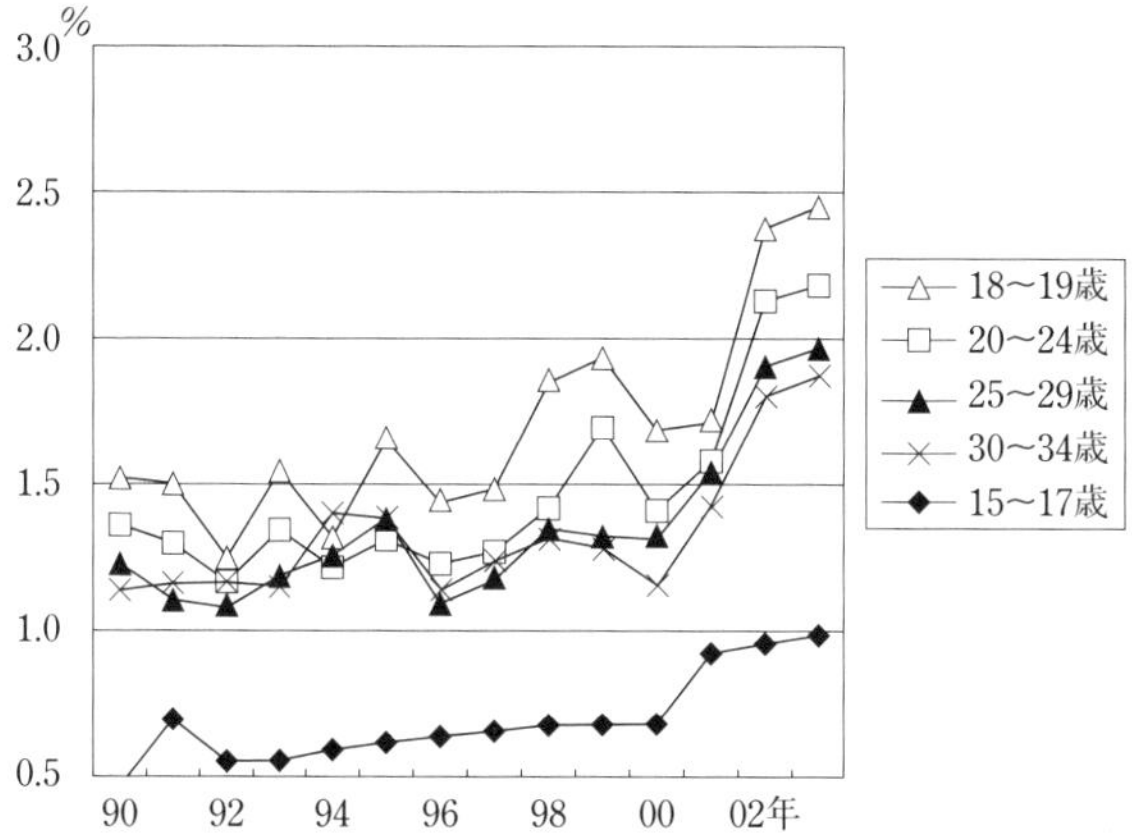

資料出所：総務省「労働力調査」（各年平均）

図序-3　日本型ニート出現率

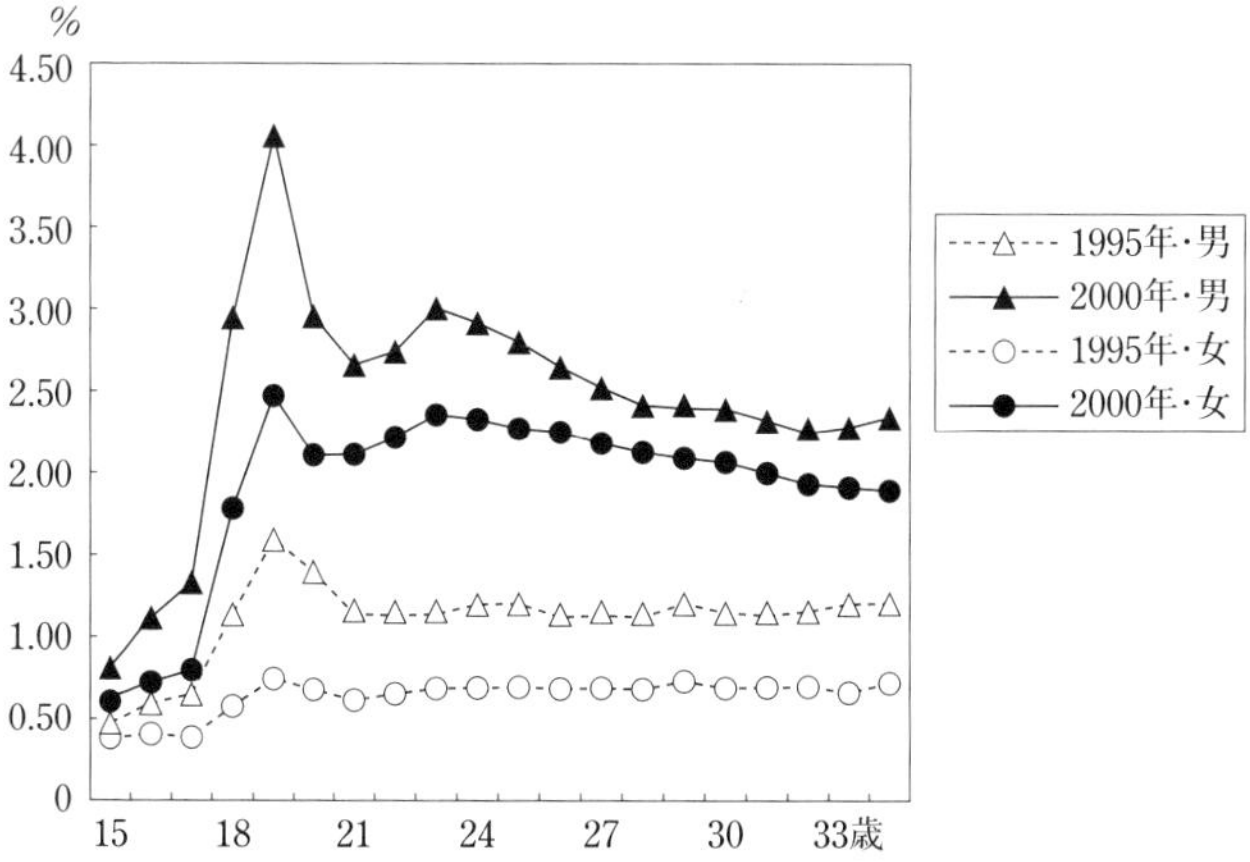

資料出所：総務省「国勢調査」

この年齢と日本版ニートになりやすさとの関係をもう少し詳しく分析してみよう。そこで、ここでは、一歳刻みでのデータが取れる「国勢調査」（総務省）の結果を用いて、まったく同じ定義を用いて、日本版ニートの年齢別出現率を見てみよう（図序-3）。

国勢調査は、五年に一度しか実施しないので、最新のデータは二〇〇〇年になる。これとその直前（一九九五年）の調査結果を比較しながら、年齢別の出現率を見たのが図序-3である。

二〇〇〇年のグラフに注目すると、明らかなのは一九歳での突出である。さらに、二三歳でもう一つのピークがある。これは男性に顕著で、女性ではよりなだらかになっている。また、九五年では全体に出現率は低いが、一九歳の男性では高くなっている。

一九歳、二三歳というのは、それぞれ高校卒業から一年目、大学卒業から一年目に当たる年齢である。ここから推測できるのは、九〇年代半ばから、学校卒業時点での就職は「氷河期」といわれるような厳しい状況が続いており、その積み重ねの結果、就職活動をあきらめてしまったり、将来の展望が見えなくなった若者が増えているのではないかということであろう。あるいは、一九歳という年齢の突出には、進学浪人が含まれている可能性はある。通学をしていない非労働力には、たしかに、予備校に通わず、在宅で進学準備の勉強をしている高卒者たちが含まれよう。ただし、九五年と比較しての急激な増加は、進学浪人では説明できない。この間大学は入学しやすくなる傾向が続いており、在宅の進学浪人が急激にふえるとは考えられないのである。冷えこみつづける就職市場の影響のほうが大きいことは間違いないだろう。

とりわけ、高校生の就職環境の悪化は著しい。次の図序-4には、新規高卒者向けの求人数の変化

図序-4　新規高卒者への求人の変化

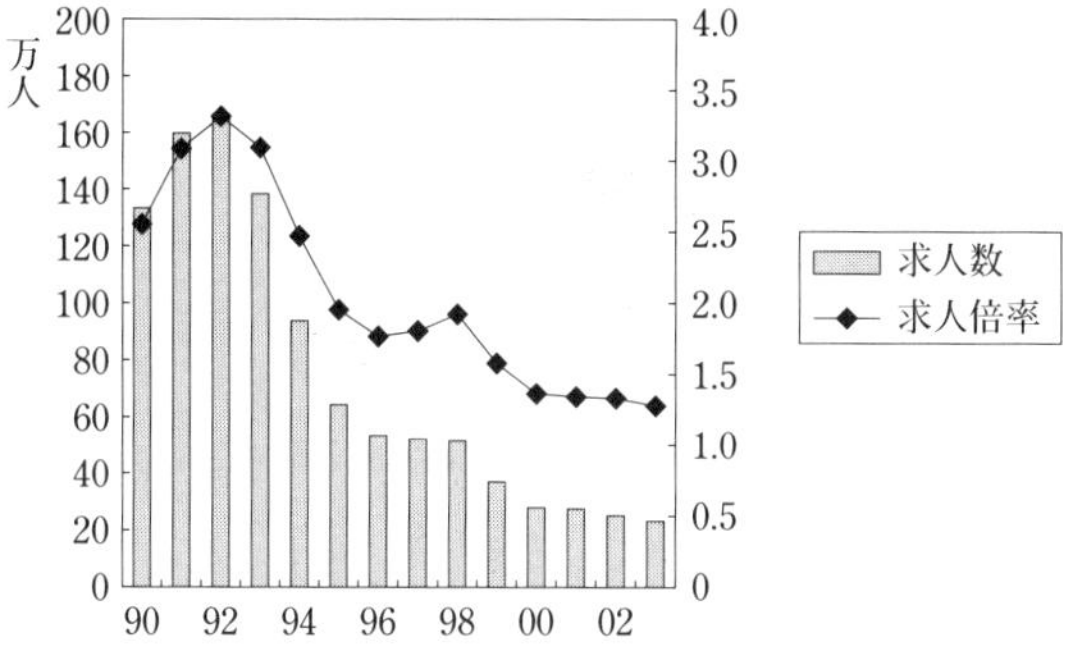

資料出所：厚生労働省「新規学卒者の労働市場」

を示した。現在では、ピーク時の八分の一にまで求人は減ってしまった。この激変が、就職先探しを続けない一九歳をふやす大きな要因になっているだろう。

新規学卒時点での就職のハードルは非常に高くなってしまった。すでに、学校卒業までに就職口が決まって当然という時代ではなくなったのだろう。しかし、いったん学校を離れると、仕事選びや就職活動のあれこれを教えてくれたり、相談に乗ってくれる場は少ない。経験も知識もまだ少ない若者たちのなかには、一人で行き詰まってしまうケースも少なくないと推測される。急増した日本版ニートには、こうした若者たちが少なからず含まれているのだろう。

3・4　日本型ニートの学歴

次に学歴上の特徴を検討する。就業状態と学歴との関係がわかる調査としては「就業構造基本調査」（総務省）がある。この調査の特徴は、就業状況を「ふだんの状況」で尋ねていることで、「労働力調査」や「国勢調査」が調査時点の特定の一週間の状況で尋ねているのとは異なる。しかし、二〇〇二

図序-5　日本型ニートの学歴構成

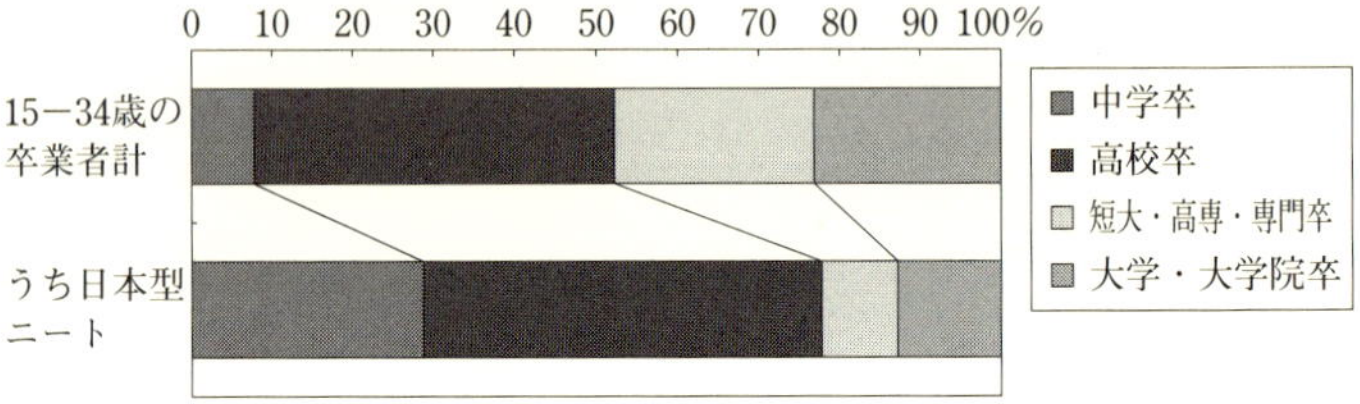

資料出所：総務省「就業構造基本調査」（2002）

表序-1　15－34歳の各学歴卒業者における日本型ニートの出現率

	中学卒	高校卒	短大・高専・専門卒	大学・大学院卒
ニート出現率	8.8	2.6	0.9	1.3

資料出所：総務省「就業構造基本調査」（2002）

年に実施された調査だけは、「ふだんの状況」に加えて「九月末一週間の状況」についても調査している。この、「九月末一週間の状況」から、これまでの二つの調査と同じ定義で日本型ニートを抽出して、この学歴背景を見てみよう。

　その結果が図序-5である。学校在学中の者を除いた一五―三四歳人口全体の学歴構成と日本型ニートの学歴構成を対比してある。

　一見して明らかなのは、中学卒業という学歴の人の多さである。表序-1では、出現率のかたちで示したが、これでも中学卒学歴なら一割近くがニート状態である。中学卒学歴の人というのは、現在の高校進学率の高さを考えると、おそらく高校を中途退学したケースが多く含まれていると思われる。高校中退者は二〇〇三年で年間八万人を超える水準になっている。中途退学した場合は、高校卒業時点までに就職が決まらなかった生徒以上に、他の学校を選ぶのか、方向転換して仕事を探すのか、悩みは大きいだろう。元の学校に相談に行きにくいケース

図序-6　日本型ニート年齢段階別学歴構成

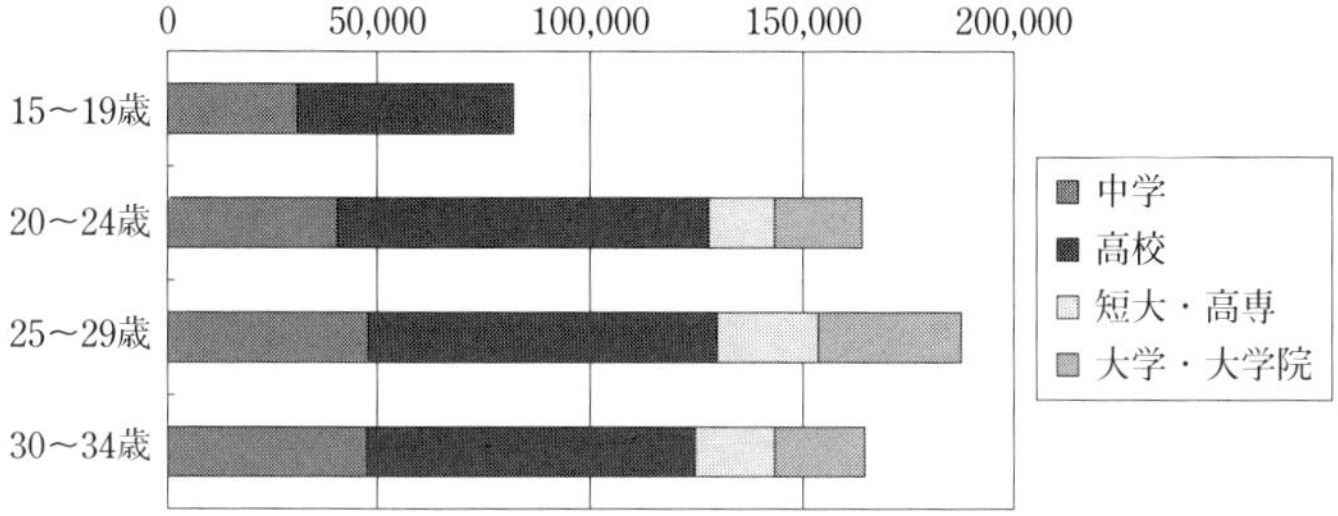

資料出所：総務省「就業構造基本調査」(2002)

も多いだろうから、彼らの相談に乗ったり正確な情報を提供してくれる機関は少ないのではないだろうか。ここでも、一人で行き詰まってしまうケースが想像できる。

また、学校中退の背景には、遅刻・欠席などの生活指導上の問題や学業不振をかかえる場合も少なくない。こうした課題は、就業に方向転換したとしても、やはり本人の可能性を阻む要因になろう。職業社会に入るうえで必要な基本的な就業能力をどこでどう身につけるのか、そうした能力形成の問題も大きな壁になってくるのではないかと思われる。

次の図は年齢段階別に見た学歴構成である。中学卒学歴の場合、三〇歳代前半でもその数は減っていないのに対して、大学・大学院卒では、二〇歳代後半には比較的多いものの、三〇歳代前半にはかなり減少している。

ここから、いったんニート状態になった後に、そこから抜け出す確率は、おそらく学歴によって異なっているのではないかということがうかがわれる。

図序-7　日本型ニートの世帯類型

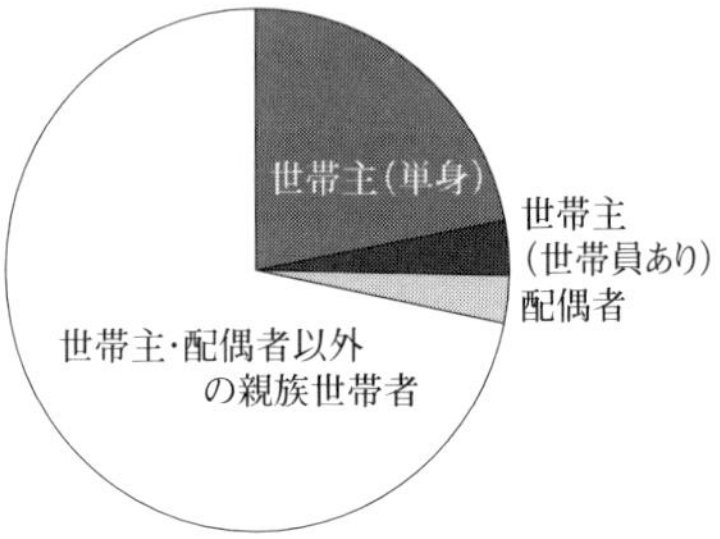

図序-8　日本型ニートの年齢層別世帯類型

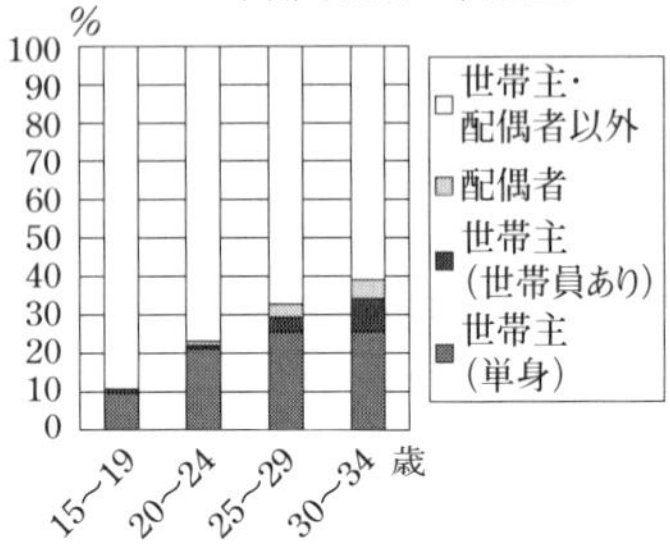

資料出所：総務省「就業構造基本調査」(2002)

3・5　日本型ニートの親子関係

ニート状態でいったいどのように生活しているのか。

まず、考えられるのが学生・生徒だったときと同じように、親の家計のなかで生活している状態である。学歴と同様に「就業構造基本調査」を用いると日本型ニートの世帯の状況がわかる。

図序-7に示したとおり、四分の三は「世帯主・配偶者以外の親族世帯員」である。これは、子どもという立場でいるということだろう。仕事に就いていないのだから、独立した生計は営めない。単身の世帯主、つまり一人暮らしをしている者も二割強いる。彼らの生計はどうなっているのかは不明だが、以前の就業での貯蓄や親からの仕送りなどが考えられる。

この世帯類型を年齢階層別に見たのが、図序-8である。一〇代では九割が子どもとして親と同居していると考えられる。これは一般の一〇代とまったく同じである。年齢が高まるほど、一人暮らしがふえ、さらに、なかには世帯主・その配偶者という者も若干でてきている。しかし、それぞれの年齢の一般の世帯構成に比べて、その比率は低い。一般の三〇歳代前半層での

図序-9　9月末1週間にニート状態の者のふだんの状況

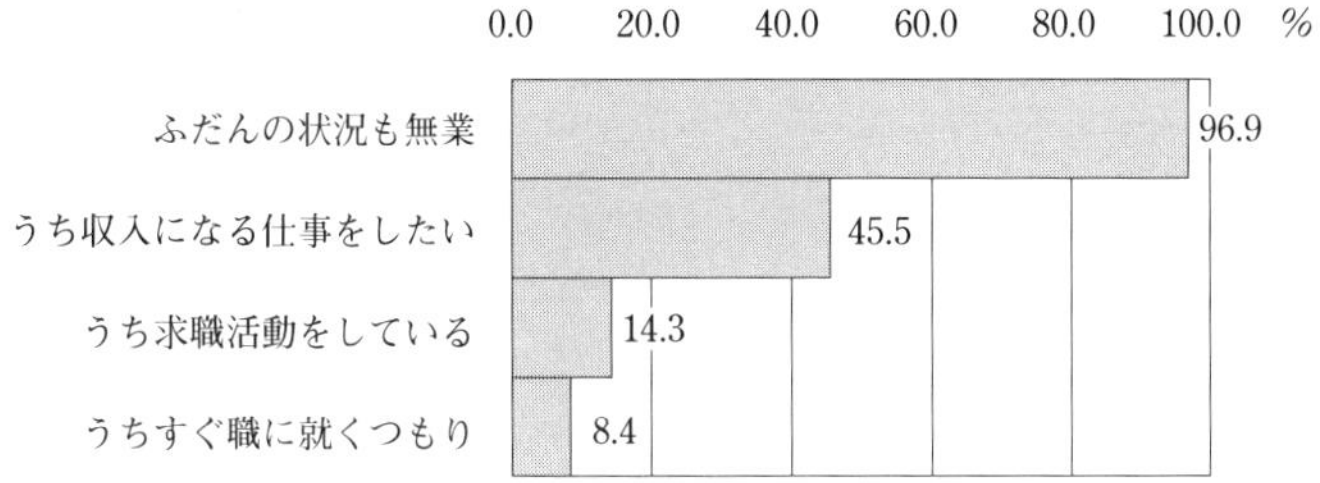

世帯類型の分布は、一人暮らしが一割強、世帯主あるいは配偶者として新しい家計を営んでいる者が六割弱、子どもとして親と同居する者が約三割であるが、ニートの場合は、子どもとして親と同居している者の比率が六割と非常に高い。

3・6　就業希望

日本型ニートはよく「働く意欲のない青年」と解される。確かに、「求職活動をしている失業者ではない」と定義しているので、求職活動はしていない。しかし統計上の求職活動の有無とは求人に応募するなどの就職活動を設定された調査期間にしたか否かを問うているだけである。これを「働く意欲」と言い換えてしまうと、誤解を生む可能性がある。

統計のうえでは、先の「就業構造基本調査」を用いると、九月末の一週間にニート状態であった人が、ふだんの状況としてどのような就業・不就業の状況にあるのか、あるいは、就職を希望しているのかなどの就業への意識を見ることができる。

その結果を図序-9に示した。九月末の一週間状況で定義したニートだが、ふだんの状況としてもほとんどの人が仕事に就いていな

表序-2　失業者と日本型ニートの就きたい職業

	男性		女性	
	失業者	ニート	失業者	ニート
9月末1週間	仕事を探していた	非家事非通学の非労働力	仕事を探していた	非家事非通学の非労働力
ふだんの状況	求職活動あり	求職活動なし	求職活動あり	求職活動なし
15～34歳計	684,000	119.900	481,000	77.500
製造・生産工程	10.7	4.8	4.3	6.6
建設・労務	5.9	3.2	0.3	0.5
運輸・通信職	5.2	2.5	0.2	0.3
営業・販売職	6.8	2.2	7.7	2.8
サービス職業	10.5	6.2	17.3	16.1
専門的・技術的職業	19.2	17.3	18.3	14.7
管理的職業	1.0	0.6	0.4	0.1
事務職	7.1	5.3	28.5	15.1
その他（保安職など）	4.0	6.3	1.7	5.5
仕事の種類にこだわっていない	29.3	50.8	21.3	37.4

資料出所：総務省「就業構造基本調査」(2002)

い。しかし、何か収入になる仕事をしたいという希望をもっている者は約四割を占めている。働くことを希望している者は少なくない。また、ふだんは求職活動をしているという者は一五%前後、さらに仕事が見つかればすぐ就くつもり（失業の定義にほぼ対応する）という者はおよそ一割程度である。ふだんの状況として、求職活動をしている者はやはり少ないが、仕事に就きたいという希望をもっているものはかなりいる。これを意欲がないと決めつけるのは問題だろう。

　さて、仕事に就く希望がある場合、どのような仕事に就きたいと思っているのだろうか。ニート状況の人と失業者として求職している人との違いから、ニートの場合の特徴を見てみよう。ここでは、対比をより正確にするために、失業者は九月末の一週間も、ふだんの状況としても無業でかつ求職活動をしている人に限定し、また、ニートも九月末一週間がニート状態である

表序-3　失業者と日本型ニートの就きたい就業形態

	男性		女性	
	失業者	ニート	失業者	ニート
9月末1週間	仕事を探していた	非家事非通学の非労働力	仕事を探していた	非家事非通学の非労働力
ふだんの状況	求職活動あり	求職活動なし	求職活動あり	求職活動なし
15～34歳計	684,000	119.900	481,000	77.500
正規の職員・従業員	80.2	44.5	56.3	35.4
パートアルバイト・契約社員	11.4	22.4	36.4	41.3
労働者派遣事業所の派遣社員	0.6	0.5	3.3	2.2
自営業	3.6	6.0	1.8	1.8
内職	0.0	0.8	0.4	2.7
その他	4.1	24.8	1.8	16.4

資料出所：総務省「就業構造基本調査」(2002)

だけでなく、ふだんの状況としても無業で求職活動をしていないケースに限定している。

まず、表序-2は就きたい職種の分布である。同年齢の失業者との違いは、なんといっても「仕事の種類にこだわっていない」という者の多さである。これは、どんな仕事でも就くという積極的な意思表示なのかというと、おそらくそうではないだろう。求職が現実的ではないため、仕事を絞ることができないのか、経験がないために何が自分にできるのかわからないという意識から、「こだわっていない」という選択肢を選んだのではないかと思われる。

表序-3は就業形態として、正社員が希望なのか、あるいはアルバイトや契約社員、派遣社員などがいいのかを聞いた結果である。ニートの特徴と見られるのは、まず正社員の希望が少ないこと、さらに、「パート・アルバイト・契約社員」と「その他」の就業形態を希望する者が多いことである。

おそらくここにあるのは、正社員としてフルに就業することに自信がなかったり、就業そのものが現実的になっていないため、就業形態まで考えている余裕がないといった事情であろう。

4 調査の設計

ここまでの既存統計の分析からは、ニート状態の若者が最近増加していることや、また、彼らの多くが親元に同居し、中卒学歴が多いなど、比較的学歴は低い傾向があること、仕事に就きたいという希望をもっているものが四割程度いることなどが明らかになった。本書の以下の章では、労働政策研究・研修機構の「若者政策比較研究会」が行なった移行のトラブルをかかえる若者へのインタビュー結果を材料にして、その語られた内容から、職業生活への移行のプロセスでいつごろどんな障壁があったのか、また、それまでの学校生活や家庭の状況、友人関係などがどうかかわっているのか、を解明していく。統計調査から切り取られた彼らの状況は、こうしたリアルな語りを通してはじめてその意味が明らかになるだろう。

この調査は、職業生活への移行がうまくすすんでいない若者を対象にした聞きとり調査である。話をしてくれた若者たちには、高校教師や若者就業支援活動をしている人々からの紹介で出会った。一部の調査は、そうした個人や団体に依頼して行なっている。かなり口の重い人たちもいた。これまでのこうした調査にあったような、モニターという形で募集した若者たちではない。それだけに、これまで以上にトラブルをかかえる若者のリアルな状況に迫ることができるのではないかと期待できる。

調査対象者は、首都圏で二三ケース、関西で二一ケース、東北地方で七ケースであり、その諸属性

表序-4　分析サンプルの諸属性

人

		計	男性	女性
	計	51	28	23
最終学歴	中学卒業	2	2	0
	高校中退	4	2	2
	高校卒業	25	11	14
	短大・専門中退	2	1	1
	短大・専門卒業	5	2	3
	大学中退	4	3	1
	大学卒業	9	7	2
年齢	19歳以下	16	5	11
	20－22歳	12	7	5
	23－25歳	14	9	5
	26歳以上	9	7	2
現状	無業	17	8	9
	アルバイト・パート	31	17	14
	その他	3	3	0

は、表序-4に示すとおりである。実施時期は二〇〇三年夏から二〇〇四年二月までである。

また、ここで対象にしている若者は、無業の若者を中心に、一時的なアルバイトやパートに就いているものも含んでいる。

フリーターは、先に指摘したとおりその半数近くは正社員並みによく働いている若者たちだが、残りの半数は就労日数も就労時間も少なく、また、不定期である。こうした就労状況とニート状況とは、実は非常に近いところにある。統計上の操作では一定期間の就業状況からニートを定義しているわけで、月に何日か働くようなケースは、当然この無業の中にも含まれてくる。フリーターとニートとの関係はというと、よく働いているフリーターはニートとは重なるところはないが、時々しか働いていないフリーターはニート状況になることが少なからずある。そうした意味で連続的な存在だといえる。

職業生活への移行の危機にある若者として、本書では以下でニート状況にある若者とそれほど働いてはいないフリーターをとりあげて、その背景に迫り、政策的な対応を検討していきたい。

注

（1） ここでのフリーターの定義は、「年齢一五～三四歳、卒業者であって、女性については未婚の者とし、さらに①現在就業している者については勤め先における呼称が「アルバイト」または「パート」である雇用者で、②現在無業の者については家事も通学もしておらず「アルバイト・パート」の仕事を希望する者」である。フリーターは一律の定義がない言葉であり、政府の白書の中でも「国民生活白書」では、「一五～三四歳の若年（ただし、学生と主婦を除く）のうち、パート・アルバイト（派遣等を含む）及び働く意志のある無職の人」とし、二〇〇二年段階で四一七万人と推計している。

（2） ここでの無業の若者の数は、次の定義でとられている。「非労働力人口のうち、年齢一五～三四歳、卒業者、未婚であって、家事・通学をしていない者」。

（3） コネクションズ・サービス。二〇〇一年に始まった学校から職業への移行を支援する新たな試みで、一三～一九歳のすべての者を対象に、成人への移行を支援するサービスである。

第一章　「スムーズな移行」の失敗

小杉　礼子

1　はじめに

学校から職業生活への移行過程のいずれかの時点で、その経路からはずれて無業やフリーターの状態で立ちどまる若者たちが増えている。この章では、若者たちは、どういう段階でどんな事情の下に、スムーズな移行の経路からはずれていったのか、話を聞かせてくれた五一人すべてのプロセスを見てみよう。

ここで「スムーズな移行」とは、学校卒業と同時に新規学卒正社員として就職し、安定的な就業状況に至ることを指す。それは日本型の長期雇用と連動した新規学卒就職・採用システムに乗る経路である。序章に示した「親の家計に依存して学校に通う状況から、職業を持ち経済的に自立する」プロセスとする移行の定義に比べてかなり限定的だが、国際的に評価されてきた日本の移行システムとは新規学卒就職・採用のシステムにほかならない。さらに、わが国の現状では、正社員とそれ以外の雇用形態とのあいだの格差は大きく、また、いったん非正社員になるとそこから正社員への経路は非常に見えにくい。「職業を持ち経済的に自立する」状態にスムーズに至る経路のメインストリームは、学卒就職して安定的な就業状態に至る経路である。

インタビューに応じてくれた対象者のすべては、この「スムーズな移行」経路からいずれかの段階で降り、無業やアルバイトでの就業という現状に至っている。ここでは、この「スムーズな移行」経路からの離脱が、どのように起こっているか、個々のケースを検討していきたい。その上で、移行プロセスの障害となる事象とその発生の背景について、整理してみよう。

そうした障害は、まず、次のような時点で明示的なものになるだろう。第一に高校の学校斡旋や大卒の新卒採用のプロセスそのものに乗らなかった時点、第二に斡旋プロセスに乗っても斡旋が成立しなかった時、第三に就職が決まっても早期に離職した時、さらに、第四に離学後・離職後に、正社員の仕事に（再）就職しない時である。以下ではこの時点ごとに新規学卒正社員へのコースからの離脱を促した要因、また、その後、その状況を継続させる要因について、主に労働市場・職業能力形成・就業意欲など労働にかかわる側面から見ていこう。

2　学校斡旋・新卒採用プロセスからの逸脱

学校段階に発生したいくつかの問題は、新規学卒就職・採用の経路から若者たちを外れさせてしまう。その問題を順次見ていく。

2・1　高校非進学

中卒就職は近年極端に求人が減少している。高校進学率九七％という現状で、高校進学をしないことはすでに労働市場のなかでは不利な立場に立つことを意味する。

まず、事例1は、学校を抑圧的なものととらえて反発し、高校への進学を考えなかった。彼は、中学卒業時点では、学校の支援を受けてガソリンスタンドに就職している。しかし、上司の態度を抑圧的なものととらえて反発して六ヵ月でやめてしまった。

【事例1】（二四歳・中卒・男性）

（高校進学でなく就職にしたのは？）、学校という何かに縛られたくないという自分が多分あったと思います。……あのとき考えていたことは、学校が嫌やったというしか、いまだにちょっとわからないですね。……何か変なこだわりがあってね、学校というところには行きたくなかったんですよ。（中略）（就職先のガソリンスタンドで）やっぱり社長というか、店舗の上の一番偉いさんの人ともめてやめたんですけど、やっぱり言い方が結構かちんときて、人間関係が一番難しかったですね。……そのときの中学卒業したての僕ですから、まだとげとげしい部分もあって、ささいなことでもまともに受けて反発してしまうという時期の自分やったんで、今、言われてもそんなに大したことないことなんやろうけど、あのとき感じたのは、何でそんなに偉そうやねんみたいな感じでしたね。その後、就職先を探して面接は受けに行くものの、「朝起きられない」など生活習慣の確立ができず短期の雇用を繰り返す。
次の事例2のように、学校に適応ができず、居場所が見つからない形で不登校になった結果である場合もある。彼は、その後フリースクールに通い、アルバイトでの就労は何回か経験した。一度、知人に勧められて正社員に応募したことがあるが、採用されなかった。今も、自立への思いはあるが、学歴も経験もないという経歴に自信がもてずに、正社員への応募をためらっている。

〔事例2〕（二二歳・中卒・男性）
（中学校を卒業するとき）、担任から通信制の高校に行くのを勧められたんですけど、……とりあえずフリースクールでいろいろやれることをやっていきたいなと思っていたんです。……当時は、学歴がどうとか、世の中のことを全然知らなかったから、そういう指導もされてこなかったですし、そういうことは考えずに、ただ高校に行くよりはフリースクールに行きたいなというだけです。将来のこととかは考えてなかったですね。
（就業に）踏み込むことができないのは、自分はこれができるとか、あれはできるとか、こういう能力があるとアピールできるものがないと思っているからだと思うんです。少なくとも社会人経験があって、そういうことができるというのがあったら、積極的にやってみるような気がしますけれども、自分の能力のなさというのが一番のネックだと思うんです。……（経験を得るためには）また面接とか、就職活動をしなくちゃいけなくて、その就職活動のときに、さて自分は何をアピールしたらいいんだろうというのは、多分、一番の悩みだろうと思うんです。

2・2 高校中途退学

高校中退の事情

学校を中途退学することも、新規学卒就職の経路からはずれることになる。高校からの中退には、まず、事例3や事例4のケースのように学業不振と遅刻・早退が多いタイプ、すなわち、学習の場としての学校からの逸脱のケースがある。学校は友達がいるから来る場であり、学業には価値を感じていない。友達との遊びの場は夜の街に広がり、その遊びに必要なお金のためにアルバイトは長時間行なっている場合が多い。夜遅くまで家には戻らないので、朝はさらに起きることができない。中退を決めるとき、ほとんど将来の職業などについては考えていない。行動を抑圧するものとしての学校からの離脱である。

〔事例3〕（一七歳・高校中退・男性）

（高校を中退したのは）留年したから。留年したらやめるって決めとったから。（休むようになったきっかけは？）だるかったから。……朝起きるのちょっとだるいし。学校行くために起きるのは面倒くさい。……授業中もおもろかったけど、授業としておもろいんやなくて、自分らで勝手に遊ぶからおもろい。席移動して友達としゃべって、全然授業無視して。（先生に注意されない？）そんなん、別に言われたってほっといて、しつこかったらキレて、反対に授業つぶして。

〔事例4〕（二〇歳・高校中退・女性）

（やめるきっかけは？）友達関係はうまくいってたんやけど、友達とちょっと殴り合いになって青あざ作ってしまって、……その子が朝学校いって保健室で何年何組のだれだれさんに殴られたって言って、両方の親呼び出しされて。んで退学まではいかんかってんけど停学にはなるかもって言わ

表1-1　中卒・高校中退ケースの離学事情

事例番号		1	2	3	4	5	6	7
	年齢	24	22	17	20	20	20	24
	学歴	中卒	中卒	高校中退	高校中退	定時制高中退	定時制高中退	中退後定時制高卒
	性別	男	男	男	女	男	女	男
	地域	関西	首都圏	関西	関西	首都圏	関西	首都圏
	現状	アルバイト	アルバイト	アルバイト	パート	NPO非常勤	無業	アルバイト
中学卒業時	学業不振	○						
	反学校的文化	○						
	学校不適応・不登校		○			○		
	異性関係トラブル	○						
	遅刻・起きられない						○	
高校中退	留年			○				○
	学業不振			○				○
	個人的トラブル							○
	不本意進学			○				
	遅刻			○	○			
	けんか				○			
	夜の学校はつらい						○	
	他にやりたいことがある					○		

れて。で、結局停学にもならんかったんやけど、ダルなってやめますゆうてやめた。

一方で、中学校での学校不適応から定時制の高校へ進んだ事例5のケースでは、学校での勉強に価値を感じていない点は共通しているが、むしろ別にやりたいことを見出し、それに惹かれて高校を離れていく。もともと親の転勤で転校してきたことから、学校文化の違いもあって学校生活になじめなかった背景があり、前の二ケースのような遊び友達の輪があるタイプではない。

【事例5】（二〇歳・高校中退・男性）

バンドを組むんだけど、田舎なんでないんですね、人が集まらないとか。バンドを組みたいけど、組めないしという状態だったので、……高校一年で、一〇月にはやめて、東京のほうに上京してきて。……(それは思い切った決断ですね?)そのときはやりたいから行こうかなという思いがあって、例えば学校に行ってたころ、先生との関係もあまりよくなかったので、やっぱりやりたいことをやれる場所に行ったほうが、後悔ないんじゃないかなという思いがあって出てきたんです。

次の事例6は、あまり多くを語ってくれない、口の重いタイプだった。学校生活になじめなかった中退であることは共通する。

【事例6】(二〇歳・定時制高中退・女性)

(高校は?)定時制。二年でやめた。……(二年生のいつ頃やめました?)覚えてない。けっこう行ってなかったから。……最初のほうは行っていた。三学期はあまり行ってない。(なにか合わなかった?)夜ってしんどかった。

また、中学校までは学年のトップクラスで、順位争いを楽しむように勉強してきた事例7のケースは、大学付属の難関校に入学はしたものの、燃えつき感と追い討ちをかける国籍問題に、精神のバランスを危うくしてしまう。

【事例7】(二四歳・いったん高校中退後高卒・男性)

中学三年の一二月か年が明ける前後から、集中力がなくなってきちゃって、勉強をずっとしてたんで、それがずっと尾を引いちゃってたんですけど。高校時代、何かやる気が出ない。何か糸が切れちゃったみたいで。……あれが大きかったんですよ。僕、在日朝鮮人なんですよ。両親ともそうで、それを高校に入る前に母親から聞かされたのがすごいショックで。……それでやっぱり未来が見えなくなっちゃったというか。……結局、やめることになったんですね。一年から二年には進級したんだけど、実は二年の五月に母親と別居したというのがあって、そこからよけいにはまり込んでいって。その中でずっとやっぱり二年半ぐらいカウンセリングを受けて、安定剤とか睡眠剤とか飲んで。……二年から三年に進級できなくて(中退した。)

高校中退後の就業　前記のケースのうち、事例3は親から中退を許す条件として働くことを求められ、就業支援組織でのアルバイト、すし屋のアルバイトとつないできている。本人は中学生時に調理師学校への進学希望があり、すし屋での仕事には意欲をもって取り組んでいる。正社員になるよう誘いも受けているが、まだ、気持ちは定まっていない。

〔事例3〕(一七歳・高校中退・男性)

(正社員になることを勧められているが)今だけのことを考えたら、バイトのほうが金ええから。今は正職になったほうがちょっと高いけど……時間的に考えたら、金は少ないけどバイトのほうが……(正社員になったら)昼から夜中の、へたしたら明け方ぐらいまで。仕込みのために昼から出てきて、夕方から店開けて、十二時閉店やからそこから全部片づけはじめるから。……四、五年も続けるかどうかもわからんから、確信できてからのほうがええかなって。……ちょっとの間続けてみて続けられそうやったらやってみようかなと。

一方、事例4では夜友達と遊ぶことが生活の中心で、昼までは起きられない、夜は遊びたいと、お金はほしいものの長期のバイトはできず短期のものを転々とする。一七歳で未婚の母になり、親や祖母の助けを借りながら子育てをしてきた。昨年から父親の紹介で公共施設にパートで入り一年以上続いており、今は正社員を希望している。しかし、「その（正社員に応募する）前に、高校卒業してないし、資格とか多分取られへんと思う」「（定時制高校等への復学を）親にゆうたことあったんやけど、自分が続けられるときに行きって。そんなあやふやな気持ちで行きなやって。別に今から行かんでももうちょっと子どもが大きくなってからでも行けるしなぁみたいな。その間子どもどうすんのかって」言われ、復学は果たしていない。

事例5のケースは、上京後、音楽学校（高卒を条件にしない）に入り、並行してバンドも組んで音楽活動には積極的に取り組む。その後、「プロも難しいかなぁと思い、別のこともやってみよう」と、大検を受けて大学入学資格を取ったり、若者支援のNPO活動に参加していくなど、社会的なつながりをつくっていっている。ただし、自立した生計にはまだ遠い。

事例7の場合は、この進学校を退学した後、定時制高校に編入し、卒業する。しかし、就業への自信と意欲ははっきりしないまま、農業での有期のアルバイトを繰り返す。背景には、進学校での挫折に加えて、日本国籍をもたない出自を知ったことからくる、前途への絶望感が強く感じられる。中学校までトップクラスの学力を保持し、漠然とではあるが、一流大学、一流企業といった将来を描いていただけに、自分の努力では何ともしがたい壁として国籍問題が立ちはだかり、強い絶望感を持ってしまったのではないかと思われる。

〔事例7〕（二四歳・いったん高校中退後高卒・男性）

高校受験に打ち込んで、そこからもうキレちゃったんですよ。そうなる感覚って怖い。結構、壊れやすいんで。何でも、たまっちゃうほうなんで、たまって潮が満ちてまた何かやる気がなくなって

表1-2　高等教育中退ケースの中退の事情

事例番号		8	9	10	11	12	13
	年齢	24	22	28	32	20	28
	学歴	大学中退	短大中退	大学中退	大学中退	専門中退	大学中退
	性別	男	男	女	男	女	男
	地域	首都圏	首都圏	首都圏	首都圏	関西	首都圏
	現状	アルバイト	無業	無業	アルバイト	無業	アルバイト
高等教育中退	校則・行動制約に反発					○	
	学業不振・留年	○	○		○	○	
	学習内容に不満		○				
	他にやりたいことがある		○				
	病気			○			○
	学校不適応・不登校	○		○	○		

うつ病っぽくなるのが怖いんですよ。それが今までずっとありましたからね。その怖さというのかな。でも何かこうようやくとれてきたのかなと。……引きずってましたね。だから、農業なんかも踏み込めなかったと思うし。

2・3　高等教育段階での中途退学

高等教育中退の事情　大学など高等教育からの中途退学も、同じく新規学卒就職への経路から離れていくことになる。中途退学の契機としては単位が取れないなど、大学での学業に関心がわかなかったり、ついていけなかったりという理由が多い。具体的には、中途退学の理由は次のように語られている。

【事例8】（二四歳・大学中退・男性）

（工学部に入学して）一年目は前期も後期も教養科目が多めで乗りきれたんですけど、二年目は専門科目に入ってきて、前期も後期も単位が足りないということになって。……成績も厳しいし、例えば寝ていたら追い出されるようなところだから。……結局、何となく学校には行かなくなったんで。……(大学をやめるときはどういう気持ちだった？) 元通りの位置に戻ったという……やっとほっとしたという感じでしたね。

〔事例9〕（二二歳・短大中退・男性）

(何で単位足りないの？) ギリギリ単位取れればいいなという考えだから……(大学と) 同時進行で、京都のほうの（他大学の学生との）イベントに参加してたんです。企画をやったり、企画、構成、あとは誘導とか設営とか、その他もろもろの。……(自分の) 学校のほうがレベルが低くて、そっちへ行っているほうが勉強になったというか。……(専門である) お華の面ではいいんだけど、ほかの面で見ると、何か下みたいな。でも、いるだけでつまらないみたいな。

〔事例10〕（二八歳・大学中退・女性）

法学部に行きたいと思ったので、全部法学部で、上の大学から下の大学まで法学部だけで、……まぁ、スベリ止めしか受からなかったんで。……自分は勉強はしてこなかったけど、ちゃんと関心はあるんです。だけど、みんなは関心がない。……六法を習いますよね。わたしはこうして見ているんだけど、みんな持ってこないの。重いしって。で、いつも何か出席をとるの「出しておいてね」とか、何となく憂うつになってきて、私は努力しなかったから、向上心を持っている人たちのあいだに入れなかった。……一八か一九のときに何もしてこなかったというのを大学に入って嫌というほど思い知らされたわけです。……今まで私は何をしていたんだと思って、ちょっと行けなくなっちゃったんですよ。

〔事例11〕（三二歳・大学中退・男性）

（二浪後に受かった大学は？）まぁ、スベリ止めとして自分が認められるぐらい。……しょうがないかなという。もう要するにほんとうにもう自分が通したいというのは、そのころまでに随分磨耗し切っちゃって、特に何も残ってないような状態だったので、大学というのも義務感がないし、それでほとんど授業は受けなかったですね。サークルのほうは何とか二年間、三年間ぐらい行きました。学校の授業はまったく受けなかった。

この四例を見ても、大学での勉学への意欲を失う背景は一様ではない。まず、事例8では、高校在学中の文系・理系のコースを「たまたま、二択でどっちかと言われたら、どっちかに丸をつける」という形で選択し、理科系コースにいることに本人はかなり違和感をもっていたのだが、にもかかわらず、推薦で入れるからと工学部の機械科に進学してしまう。工学部の専門科目には、関心もないしついていけない。事例9は華道家をめざしての、事例10は弁護士という将来の職業を描いての進学だったが、周りの学生の行動や大学の環境に納得できず、大学から離れていく。

事例11は、親の転勤にともない小学校から高校まで何度となく転校を経験し友人関係を築けないできた。さらに家族が渡米の後、一人で入寮して予備校に通う生活を二年続けたあげく、不本意な進学をする。学業への意欲がわかないばかりでなく大学に通うことそのものもやめ、「まったく何もしない生活」に陥り、そのまま退学している。誰からも干渉されない生活が、孤立・孤独につながり、社会関係を失っていった。

次の事例12のケースはまったく逆に、厳しい学校の生活指導が、高校を卒業したら自由になるという学生側の期待を裏切り、強い不満を抱かせて中退につながってしまったものである。高等教育において、どこまで生活レベルのサポートをするかは難しいところだろう。

〔事例12〕（二〇歳・専門学校中退・女性）

（看護専門学校に）入るまではがんばろうと思って、頑張る気十分やったけど、……厳しいんです。……髪の毛茶色かったら「染めや」とか、ほんまにそんな言うことないやろうと。……そんなんとかでむかついとったし、わからんくせに口出すからむかつくんです。自分らは看護婦やっとって、偉いと思ってるか知らんけど、何かわかったような口きくからむかつく。……とにかく学校では先生と顔合わせたくないし、もうすべてがむかついてくるんですよ、学校行くこと自体が。だから、しんどいから普通に理由つけて休んだりとかして、もう行きたないわ、もう顔見るだけでウザインです。

これらのいずれのケースも、中退を選ぶときには後の就業に与える影響はほとんど意識されていない。

高等教育中退後の就業

さて、中退後の状況は、短期間正社員で就業している場合もあるが、無業かアルバイトが多い。アルバイトを選ぶのに、事例11のように「続かないかもしれない」「いちいち（辞めると）言い出すのもめんどくさい」などと、あえて短期アルバイトを選ぶ者が複数いた。また事例9のように、まずやってみるという選択の結果、転々とする結果になっている者もいる。このケースの場合は、自衛隊入隊を中退理由で挙げているが、他方で単位不足で進級できない状況があり、自衛隊は一週間でやめているように、進路を選びなおしたというより一時的な、感情的行動という面が強い。

〔事例11〕（二二歳・大学中退・男性）

（*大学を退学してからは？*）それからバイトをどんどんしまくる感じで……長く続いたのはほとんどなかったです。印象的なのは逆に短かった……雇う側の上司のほうが、自分と近い歳で嫌なやつ、一週間（で辞めた）。……自分からバイトやめたのは三つぐらいで、あとは期限つきのバイトしかやらなかったんです。……それで要するにバイトをやめるという段階になって、やめるのを一々言い出すのも面倒くさいから、あとは自分で続かないというので、最初から期限がくっついたバイトをやったほうがいいかなと、それでだんだん期限つきバイトをして、そんな感じで短く切っていくバイトができるようになった。

〔事例9〕（二二歳・短大中退・男性）

（*短大を中退したのは？*）自衛隊のためです。……アメリカの九・一一のグラウンド・ゼロがあった日にちょうどあって、それから自衛隊に行って……（*それぞれは大体どのくらいの期間？*）自衛隊一週間、警備員が一ヵ月、お風呂屋さんが三日、パソコン屋さんが一ヵ月、エキストラが三年目、タレントが二年目です。

次の進路を切り開く手段として、何らかの学校で資格なり技術なりを身につけようという行動をとる（とろうとしている）者は多い。事例8は、翌春には編集の専門学校に入学し、すでに卒業している。事例10は英語学校にいくつも通ったという。また、事例12は保育士に方向転換して、短大の通信部に願書を出し、結果待ちだという。まだ行動は起こしていない例もある。事例11は漠然としているが、ソーシャルワーカーの方向を考えていて、放送大学で学ぼうと思っているし、事例13はカウンセラーになる講習を受けるために、その費用を今年一年で稼ごうとしている。

高等教育中退者の場合、高校中退者よりなんらかの教育機関を利用して職業能力を身につけようという行動をとる者が多い。

高校中退者の中にも、大学入学検定試験を受けたり、他の高校への編入をしている者もいるが、彼らの場合は、小学校・中学校時代には学業成績については自負をもっていた。一方で、友人との交友の場としての学校という認識が強い若者たちは、学校に戻ろうとはしない。こうした学校認識の者の中では、事例4のケースのみが高卒資格の必要を意識している。が、これも公共機関への就職の可能性が見えてきたときに初めて起こった変化である。若者の就業支援プログラムを設計するに当たって、職業能力獲得のためになんらかの学校を利用しようとする者としない者がいることを認識しておく必要があろう。

また、職業能力の獲得のために学校機関を利用したとしても、実際のところ、それで就職への経路が開けるとは限らない。就職には労働力需要の有無が決定的な要素としてある。編集者という需要の小さい職業をめざした事例8は就職活動を始めたところで早々に挫折している。ただし、このケースでは、就職活動はやめてしまったが、そこで出会った講師のホームページに文章を掲載することを認められるようになっている。学校進学は、直接的な職業能力開発によって就業機会を広げる役割のほか、職業・産業界に関する周辺的情報の獲得や人的つながりを広げ、また、本人の意欲を高めて、可能性を広げる役割をも果たしているということができるだろう。

表1-3　就職活動せずに卒業した高卒ケース

	事例番号	14	15	16	17	7	18	19
	年齢	19	18	24	19	24	20	18
	学歴	高卒	高卒	高卒	定時制高卒	定時制高卒	高卒	高卒
	性別	男	女	女	男	男	女	女
	地域	東北	関西	首都圏	関西	首都圏	関西	東北
	現状	無業	アルバイト	アルバイト	アルバイト		アルバイト	アルバイト
高校卒業時	求人が少ない							○
	希望職種求人なし・見込みなし						○	
	やりたいことがわからない		○	○	○	○		
	学業不振・遅刻	○	○		○		○	
	進路相談なし					○		
	何もする気がなかった	○		○	○			
	学校外でアルバイト求職					○	○	○
	アルバイトでいい			○	○			
	就職のための生活指導に反発						○	

2・4　就職活動をしない

就職活動をしない高校生　卒業はしていても在学中に就職活動をせず、当然就職先が決まらないまま無業で学校を離れていく者がいる。まず、高校卒業時に就職活動をしなかったケースの活動しない理由を見てみよう。

【事例14】（一九歳・高卒・男性）

（高校在学中に就職活動は？）全然しなかったです。最初は何もする気がなかったので。（就職志望だったんですか？）とりあえず、何もしないよりはいいかなと。……四月も何もする気がなくて（就職活動をしていない）。

【事例15】（一八歳・高卒・女性）

（進路をどう考えていましたか？）あんまり、遅刻とか、欠席が多かったんで、進路がみんな決まってるころにも、決まってなくって。……先のことが見えなくて。……とくに自分がやりたい、あ、いいなぁと思うことがあっても本気でやりたいとは思えなくって、でもみんなは進路が決まっていて……年末くらいから、卒業できるかできないかだったんですよ。……で、二月くらいで、学校が休みになった時期に私が今度は来なきゃいけなくなって。補習、補習で。……で、したいなって思ったことが見つかったら、もう遅くって、フリーターしか残ってなかった。

〔事例16〕（二四歳・高卒・女性）

（高校卒業後どうしようと考えていました？）そのときあまり考えてなくて、進学とかも考えてなくて、そのままなぁなぁなのまま卒業しちゃった。……大学とか。高校のときとか結構、面倒くさい感があったから、大学にこんなんで通えるのかなって。……遠かったというか、行くのがだるいというか。……何ていうか、そのときはほんとうに考えてなかった。ゆっくり考えていけばいいかなぐらいに。

〔事例17〕（一九歳・定時制高卒・男性）

（就職関係についてはまったく何もしなかった？）はい。（在学中のバイトを続けていこうということですか？）だと思う。（高校を出ても）何も変わらない感じです。（学校で見せてくれる求人は魅力がなかった？）はい、あんまり。……就職というと、イメージ的にも退職までとか……。ずっとやるというイメージがあるから、それはそんなに。全然わからんままますぐにしていいものかと。……これがやりたいということがなかったら。

〔事例18〕（二〇歳・高卒・女性）

進路を決めるときに、服屋の店員になりたくて、「学校からの就職はせえへん」と、親にも先生にも卒業の大分前から言っていて、それで何もせえへんかったし、お父さんもそのときは別に。めっちゃあほやったから就職もできへんのちゃうかという感じやったし、就職前とかになったら化粧とか服装とかも学校でめっちゃ言われるじゃないですか。そんなのもうざかったし、就職をする気もなかったし、それは親にも言っていたから特に何をしろとは言われなかった。……服屋さんで働いている子から、服屋さんの面接は学校には来ないと聞いていたから。

〔事例19〕（一八歳・高卒・女性）

（高校生のときの仕事の希望は？）やっぱり、販売とかしたかったんですよ。別にコンビニじゃなくても、デパートだったりとかスーパーだったりとか。（販売の求人はあった？）ちょこっとあったんじゃないですかね、ちょっとよくわかんないんですけど。……まぁ、高校にいる時点でコンビニのほうで働かないかという話が出てたんで、あんまりよくわからないです。

就職活動をしなかった高校生にも、いくつかのタイプが見てとれる。事例14は何もしたくないと、ただ、ただ、やる気を見せないが、このケースは出席日数が不足して卒業の見込みが立たず、「（高校で就職説明会は？）あったのですが、俺は出席日数が足りなくてそれに出してもらえなかった。（求人票は見ていない？）高校では、全然」という状況であった。次の事例15のケースも同様で、卒業の見込みがつかない状況では、進路選択・就職のプログラムに乗れず、卒業後の進路について決まらないまま卒業だけすることにつながっている。事例16も進路についてまったく考えていないが、このケースは卒業の見込みが立たなかったわけではない。親は進学を勧めていたというが、本人にまったくその気がなかった。

事例17は何をすればいいのかわからないという気持ちが強く、そこから先延ばしの意味でアルバイトを選んでいることが感じられる。

また、事例18と事例19は、学校に頼ることなく自力で、かつ、したい仕事であればアルバイトであるか否かにかかわりなく探している。学校を通した斡旋には消極的だが、やりたい仕事に向かって自分で進もうという面では積極的である。

就職活動をしない、あるいは、最初からアルバイトの就業機会を探すという行動は、進学や公務員受験など、高校卒業時に果たせなかった選択を浪人して再挑戦するためにしばしばとられるものでもある。そのまま大学等に受かれば、ごく普通の経路なのだが、ここで進学や受験から方向転換すると、アルバイトや無業で生きる青年になる。「浪人くずれ」とでも呼べるフリーターである。

今回の対象者で、高校卒業時に進学や再受験を望んでいたものは四ケースだが、これらのうち、調査時点でも（就業しながら）再受験への準備をしているのは事例20のみで、他の三ケースは、それぞれに進路希望を変えている。

表1-4　卒業後、再受験をめざした高卒ケース

事例番号		20	21	22	23
	年齢	18	31	19	21
	学歴	高卒	高卒	高卒	高卒
	性別	女	男	女	男
	地域	関西	首都圏	関西	関西
	現状	アルバイト	無業	アルバイト	アルバイト
高校卒業時	家計の制約で非進学	○	○		○
	学業不振·遅刻			○	
	校内選考で落ちた	○			
	大学進学と並行	○	○		
	公務員受験				○
	専門学校不合格			○	
	学校外でアルバイト求職		○		
浪人から変更	受験のほかにやりたいこと				○
	アルバイトが忙しい		○	○	

事例21は親の支援が得られない環境で、新聞奨学生となり予備校に通うが、結局、学力が伸びず受験は断念する。コンピュータ工場での有期限の雇用から始め、これまで業務請負業登録など、工場内の有期限の雇用に多く就いてきた。事例22、事例23は次のとおり、アルバイト就業に進路変更している。いつの間にかアルバイトが中心になってしまった消極的な変更と、ちょっとやってみようという積極的な変更とであるが、どちらも自分で選んでの変更である。進路の選び直しという捉え方も必要だろう。一方、受験準備と並行してアルバイトをする行動は、家計に進学を支えるだけの余裕がないことが背景にある。環境が整わないために進学を断念せざるを得なかったという側面もあり、両面の理解が必要だと思われる。

〔事例22〕（一九歳・高卒・女性）

（高等看護学校に落ちた後）……準看（の入試）が卒業式のあとやったんですよね、テストが。卒業した瞬間、看護婦ていうのが、あの、今お金がほしいという現実に変わって、……毎日働き出して、お金が、その時点で初めて自分の手元に一〇万を超えるお金が入るわけじゃないですか。もうそれで納得してしまったんですよね。（準看は受けなかった？）……一応予備校も行ってたんですよ、卒業してから。……（バイト先で）立場上、上になってきて、自分がシフトとか全部組まされるようになってきたら、どうしても休みがもらわれへんくなってきて。予備校もやめてしまって。

〔事例23〕（二一歳・高卒・男性）

（家庭の事情で大学進学を断念し、公務員に志望変更したが受験に失敗、高校の実験助手のアルバイトをしながら受験するが翌年も失敗）……もう、これは自分の天職じゃないなぁと思ってしまったんですよ。で、……いつも行ってるブランドあるんですよ。そこの店長さんに「しゃべりうまいねんから、こういう業界入ったらええんや」みたいに言われて。そのとき何も思わなかったんですけど、でも服好きやしなぁとか思いはじめて。しゃべるのも確かに好きなんで、ちょっとバイトでやってみようかなって……楽しいなって思った。この仕事つきたいなって思いましたね。

就職活動をしない大学生　高等教育卒業者でも、就職活動をしないまま卒業していく者の増加が指摘されている。しかし、今回の対象者では、まったく就職活動をしなかったケースは事例44の一ケースのみであった。このケースが就職活動をしていないのは、大学での学びのなかに自分の方向を見つけ、次々と可能性を広げていく途上にあったためだといえる。

〔事例44〕（二七歳・大卒・女性）

（就職活動は）一切やっていないんです。……。異文化関係のコミュニケーションがおもしろかったので、異文化トレーナーっていう仕事があるんですけど、そういうのになろうかと思っていて。そうなると企業ではないので……、私は、そういう先生が私のゼミの関係の学科にいるので、その先生に話を聞きに行ったりですとか、仕事を見せてもらったりですとか、自分でやってましたね。……（ボランティアで）ボスニアに行ってきて、そのあとに異文化コミュニケーション学会の世界大会が私の大学であって、一週間くらいやってどっぷりつかっていて、やっぱり「これでしょ」と思って。

その後、職業として成り立つ方向ということで産業カウンセラー資格に関心をもち、その受験のために派遣で事務職に就き、と正社員にはなっていないが、自分の方向を選んで着実に進んでいる。

まったく就職活動に参加していない学生には、この女性のように自分キャリアの方向を一般的な企業への就職以外に定めた学生も少なからず含まれているのではないかと思われる。むしろ、こうしたケースは次の世代を担う若者として期待していい存在ではないだろうか。

「就職活動をしない」ことを心配されている学生は、おそらくもっと非活動的な学生であろう。今回の調査では、そうしたケースは、むしろ会社説明会には行ってみたが応募はしていないというような、一定範囲の就職活動はしたが、途中で活動を停止した者に見られた。こうしたケースは、次節で詳しく紹介する。

2・5　中途退学・就職活動をせずに卒業

ここまで、中途退学や卒業時に就職活動をしないケースを見てきたが、その概要をまとめてみよう。まず、高校へ進学しないケースと高校を中途退学したケースについてみると、学校離脱には次の三つのタイプがあった。第一は、学業に価値をおかず、学校生活を支える価値は友人関係であり、行動を規制する学校を抑圧装置と感じるタイプである。彼らは、学業不振と学校への反発から学校から離れていくが、友人関係は学校外にもつながっている。第二は、友人関係の形成が進まず学校に不適応を起こしたタイプ、第三は勉強に集中し高い業績をあげたものの先の目標につながらず（ここでのケースは国籍問題が大きな壁となって）挫折したタイプである。

離学後は、第一のタイプではお金を稼ぐ目的ですぐ就業する。友人からの誘いで就業口を見つけることも多い。ただし、就労上の規律遵守や基本的生活習慣の確立に問題があったり、友人との遊びが生活の中心であるために、長続きしないことが多い。第二、第三のタイプは、すぐには就業に至らない。第一のタイプと異なり、音楽を目指したり、農業を目指したり、自分を表現するものとしての仕事を探す。経験も職業能力もない自分を意識して、とまどうケースもある。

高等教育での中途退学も、正社員就業への経路からの離脱につながる。勉学への意欲を失い単位をとれずに中退していくのだが、それには、①大学進学以前の進路選択に問題があり関心も適性もない学科に進学してしまったケース、②職業希望を持って大学・学科選択をしたが、不本意入学であったこともあり、周囲の環境になじめなかったケース、③学校の厳しい生活指導への反発、逆に、何の枠付けもない生活に孤立・孤独に陥るケース、などがあった。中途退学後は、短期のアルバイトを中心にする者が多い。背景には経験を広げ次の進路を探そうとする意識があると思われる。また、何らかの学校機関を使って、職業能力を身につけ再スタートを切りたいという気持ちを持つ者が多い。

卒業はしても就職活動はしていないケースは高卒者に多かった。こうしたケースには、まず、①単位や出席日数が不足して卒業の見込みが立たないために、就職プログラムにのれず、何とか卒業だけするという者がいる。遅刻、欠席が非常に多く、学業不振も伴っていた生徒である。また、②卒業見込みは立っているのに、何をしたらいいのかわからないからと、就職も進学もしないケースもあった。何も考えていない、そのうち何かが動いてくるだろうと、アルバイトにだけ就く。これに対して、③学校外で、就きたい仕事のためにアルバイトに応募するケースもある。ファッション系の販売職などは、学校への求人によるのではなく、アルバイトからの登用で正社員を採用する企業が比較的多いための行動である。学校を通した移行ではないが、むしろ他の経路での就職活動をしていると見るほう

表1-5　就職できなかった高卒ケース

	事例番号	24	25	26	27	28	20
	年齢	19	18	20	18	19	18
	学歴	高卒	高卒	高卒	高卒	高卒	高卒
	性別	女	女	女	女	女	女
	地域	東北	東北	東北	東北	関西	関西
	現状	無業	アルバイト	パート	無業	無業	アルバイト
高校卒業時	求人が少ない	○	○	○	○	○	○
	家計の制約で非進学		○	○		○	
	希望職種は要進学		○				
	希望職種求人なし・見込みなし	○		○		○	
	急いで就職することはない					○	
	学業不振・遅刻					○	○
	校内選考で落ちた				○		
	面接受けたが不合格		○		○	○	
	一次応募不調で活動休止				○		

がいい。このほか、進学や公務員試験を再受験するために浪人をするが、途中で進路変更をし、その結果アルバイト就業になったケースもある。

3　学校卒業時の斡旋不成立

3・1　高校生への求人の減少

次に、就職活動はしたものの、結局就職できないまま卒業することになったケースを見ていこう。

就職をめざして求人票を検討し、企業見学に行き、また応募するという行動をとりながら、就職が決まらなかったケースの背景にあるのは、まず、学校への求人が著しく減少している事態である。東北地方の高校出身者では、全般に遅刻や欠席も少なく成績も良好な生徒が、学校の斡旋に乗りながら、結果としては内定をもらえず卒業している。「先生から『今年は一番少ない』って言われてて『進学のことも考えとけ』って」（事例24）という指導にも、求人が減ってしまった学校の困惑が伝わってくる。学校側からの補足的インタビューにおいても、その減少が極めて著しいかったことが指摘されている。また、そうした少ない求人に「(どんな求人があるかは)進路指導の方が聞いてくれて、みんなに紹介するという手はずだったんで自分の希望はあんまり出しませんでした」(事例25)と、就職できる者を増やすために学校側は綿密な指導をもってあたっていることがうかがわれる。

〔事例25〕(一八歳・高卒・女性)
(*どういうところの面接を受けましたか?*)事務系……二、三社。(*事務じゃないと嫌だったの?*)いやサービスでもよかったんですけど、情報処理で検定とかも受けていたのでそのほうがいいかなと。(*どういう検定受けていたの?*)情報処理技能検定・ワープロ検定・簿記とか。(*この求人は自分で選んだの?*)いや先生のほうから。

〔事例24〕(一九歳・高卒・女性)
夏季見学とかも行ったんですけど仕事がはっきり男性ていうわけではないんですけど……会社のほうから「事務系だと思ってると違うかもしれないので見学に来ませんか」っていうことで見学に行ったらちょっと違った。……(*その後は?*)先生からは何個か紹介されたんですけど。……事務じゃないっていうのもあって。そんなに強く「事務じゃなきゃダメ」っていうわけではなかったんだけど、なんか「違う」っていうか「無理かなー」みたいな。……なんか、こう、やる気がなくなったというか。

事例25のケースは、商業系学科卒で検定資格も多く持っている生徒で、学校側が事務職への斡旋を積極的に行なったが、合格できなかった。また、事例24のケースでは、学内の成績は良好で学校推薦を得て印刷オペレーターに応募する予定でいたが、夏休みの会社見学で、仕事内容に誤解があって（学校で修得した）パソコンが活かせる仕事ではなかったことがわかり、応募せずに断念する。

このほか事例26の生徒の場合は、本人が応募したいという先は、担当教員から見ると採用可能性が低く、また向いていないということで、相談に時間をかけている。結局、教員は菓子製造などの仕事を勧めるが、本人は通勤費が出ないなどの理由から応募に至らない。一回も採用試験を受けないまま卒業時を迎えている。また、事例27は、応募したかったケーキ屋の仕事は学校推薦がもらえずに断念する。その後、ホテル関係に応募したが内定はもらえなかった。

就職活動をしなかった生徒と違い、高校の指導に乗って就職活動をしているこれらのケースは、出席状況も良好だし、検定資格の取得などでも努力してきた生徒であるが、応募できる求人が著しく少ないなか、折り合える先を見つけられないでいる。

次の事例28は、都市部のケースだが、専門学校進学希望があって応募が遅れた。進路指導のスケジュールに従った推薦・応募の時期を逃すと、十分な求人がないだけに就職のチャンスは非常に小さくなる。

このケースもそうだが、学校内での斡旋が難しくなった段階でハローワークに直接生徒を連れて行くなど、ハローワークのサービスを利用することも活発に行なわれている。学校とハローワークの協力関係のあり方は地域によって異なるが、求人の少ない地域、求人の少ない学校ほど緊密な連携をとっていると思われる。

〔事例28〕（一九歳・高卒・女性）

（高校卒業後は？）料理関係の専門学校に行きたかったんですよ。でも、親に反対されたんですよ。お金かかるじゃないですか。……ほんまに料理の勉強したいんやったら、どこかに、見習いで就職か何かして、勉強して調理師の免許とりなさいという感じ……三年の終わりぐらいに、やっと、もうしょうがないかなという感じで（就職希望に変えた）。……（三年の一、二月ぐらいに）学校から、就職できなかった組といったらおかしいですけど、できなかった子らで、まとまって、（ハローワークに）先生たちが連れて行ってくれたという感じ。

これらのケースは卒業後の状況は、事例25は一般の求人広告でホテルのアルバイトに就き週六日働いている。正社員への希望があるが、「（ハローワークに行って）探してたんですけれど、二〇歳からってわかったんで……」と二〇歳以下では応募できる正社員の求人が少ないので、しばらくはアルバイトでと思っている。事例24は応募する意欲をなくし「あんまり焦りはなくて、自分のやりたいこと見つけようかなって、ほかに勉強したいの見つけて……」という気持ちで卒業し、現在は就職には自動車免許が必要だと思い自動車学校に通っている。事例26は、学校の紹介で地方自治体のインターンシップ事業に応募し、それを契機に、現在のパートでの事務職に就いた。一日五時間なので条件がもっといいところがあればとは思うが、事務の仕事内容は気に入っていてしばらくは続ける気持ちになっている。事例27は、卒業後、求人誌で探した個人経営の製パン店にアルバイトで入るが早朝からの仕事に体のバランスを崩して辞めて、現在求職中である。事例28は「そんなに焦って就職しても自分のやりたくない仕事とかやったらすぐ辞めちゃうと思うので」と、在学中の回転寿司のアルバイトを

表1-6　就職できなかった高等教育卒業者ケース

事例番号		29	30	31	32	33	34	35	36
	年齢	24	24	24	28	27	24	25	25
	学歴	短大卒	専門卒	短大卒	大卒	大卒	大卒	大卒	大卒
	性別	女	女	女	男	男	女	男	男
	地域	関西	首都圏	首都圏	首都圏	首都圏	首都圏	首都圏	首都圏
	現状	アルバイト	アルバイト	無業	アルバイト	契約社員	アルバイト	アルバイト	無業
高等教育卒業時	職種絞って就職活動		○	○	○	○	○	○	
	就職活動よりやりたいこと							○	○
	応募しても採用に至らず	○	○	○	○	○	○	○	○
	個人的トラブル	○							
	どうしても就職とは思わない			○			○	○	
	同級生も就職できずアルバイト	○	○	○					
	浪人・留年で年齢高い				○				
	公務員受験			○	○	○			

続けることにした（現在は母親の体調が思わしくないため辞めて家事を主にしている）。

これらの例でアルバイトに就いた者は、基本的にまじめな態度で就業している。短期で辞めた事例27のケースも、次のとおり就業への前向きな態度が感じられる。

〔事例27〕（一八歳・高卒・女性）

（アルバイトをしてよかったことは）なんか、やっぱ職場って人間関係すごい大事じゃないですか。入ったときからすごいみんなやさしくしてくれて、で、やっぱり自分の仕事をすごいまかされるじゃないですか。で、自分ができないと、みんなに迷惑をかけてしまうってのがすごいわかったんですよ。で、すごい責任感もでてきて、そういう面ですごいよかったなと思いますね。

3・2　就職できなかった高等教育卒業者

高等教育卒業者にも、就職活動はしたが就職できなかったという者は少なくない。

就職できなかった理由としては、まず専門学校や短期大学の二年課程の場合では、二年目の卒業制作などに時間をとられて、あまり就職活動に時間を割けなかったというものがある。このうち、学校での専門領域に対応した一定範囲で応募先の職種・業種を限定して就職活動をした場合（事例30）では、卒業後も同じ領域で長く就職活動をしており、また、現在就いているアルバイトも同じ領域の仕事である。専門職としてのキャリアを求めてぶれない方向性があるケースだといえる。

〔事例29〕（二四歳・短大卒・女性）
短大の二回生はみんな、それ（就職）は考えられない状態、忙しくて。卒業、普通、論文とかなんですよね。でも、ファッション科だから作品。ファッションショーするから。それに一年つぶれるから。……うん。余裕がある子は、就職活動は多分してたやろうけど、そんな多分できてないと思う。……就職はとりあえずしなかった。

〔事例30〕（二四歳・専門学校卒・女性）
みんな卒業制作とかがあってなかなかそれ（就職活動）だけにみたいにできなくて厳しかったですが……（就職する気がなかったというんじゃなくて？）時間がなかった。……（エントリーシートとか書かなかった？）おふざけっぽくみんなで大きいところへ出してみようみたいなところですね。そういうの一回ぐらい。（この先どうしようみたいなことは？）最後らへんで、ちょっと考えなきゃなと思ったんですけど、そこまですごい深刻には考えてなかった。

〔事例31〕（二四歳・短大卒・女性）
短大のときに受けたのは二つぐらいで、あと、公務員試験を受けたんですけど、二次試験で落ちました。（どっちのほうが本命？）……ちょっとよくわからない。とにかく何か就職できればいいかなと思って。……（会社を回ったりとかは？）そういうのは全然ないです。（受けた二社はどうやって？）たまたま求人広告というか、募集を見たので応募した。一個は農協と、地元の信用金庫。

前の二ケースは、専門教育のさなかで就職活動は後回しということだが、事例31は、専攻は日本文学で二年次には就職活動に入りやすい環境にはあった。しかし、彼女の友達はみな就職活動を積極的にしていたタイプではないという。「私の周りで、卒業した時点で就職がちゃんと決まっていた人っていないんですよ。みんなバイトとか」と、就職は決まらなくて普通という感覚がある。「もし結婚とかしても、子どもを保育園に預けて、バリバリ働くわというタイプじゃない」という将来展望がこうした意識、行動の背景にあるのだろう。

また、どのケースも、「みんな」「周りの友達」は同じように、時間に余裕がなかったり、意欲的でなかったりと、同じような行動をとっている。短大・専門学校卒業生にのみの特徴ではないが、友達、仲間集団の行動が、相互にそれぞれの就業行動に大きく影響を与えている。

四年制大学卒業者のケースで、卒業までに内定が得られなかった理由としては、職種・業界を絞った就職活動が挙げられるが、その絞り込みは専門学校・短大と違って、専攻学科に直結する職種・業界ではなかった。本調査で見られたのは、公務員試験や外交官試験などの資格試験をめざしたケース、さらに応募倍率の高い出版社などに絞ったケースである。

〔事例32〕（二八歳・大卒・男性）

四年生のときに外交官の試験を受けましたね、ノンキャリのほうですけど。……大学時代（浪人と留年）でつまずいちゃったということがあるので、民間のほうで就職活動しようというのがあまりなかったんですよね。……二回受けて残念だったですけど。……（外交官になろうと思ったのはなぜですか？）当時、自分なりに就職について思ったということは、何か取り柄がないと難しくなっているなと思ったんですよ。……いろいろなところに、どこかわかりませんけど、例えばアフリカならアフリカのどこかの国に行かされて、言語を修得してとかそういうことがあるじゃないですか。……専門性というところかな。それにあこがれたのかな。

〔事例33〕（二七歳・大卒・男性）

（就職活動は）専門書をつくっているような小さい出版社を回ろうかなと思って、それが大学三年の二月ぐらいかな。……四〇社ぐらい受けましたね。あちこち。公的な仕事はしたかったし、そうすると〇〇公団とかも受けたりとか、小さい何とか財団法人とか、それで何だかんだで四〇社ぐらい。出したのが八〇社ぐらい。……（四年の）冬までがんばりましたけどね。もう一月越えて無理だと。何もないし……。（それでどうされたんですか？）それで……（学生職業相談室の）相談員の方としゃべっているうちに、ああ、公務員というのもいいな、そこで初めて公務員が出てきたんです。……（卒業してから）予備校に週一回行ってました。何もわからなかったですからね。そこに行って勉強してという。〇〇市役所を受けたんです。最終までいったんです。やっぱり面接。これも面接だった。落ちましたね。

〔事例34〕（二四歳・大卒・女性）

私は出版社を数社受けました。（出版社だけに絞って？）出版社はすごく難しかったので、（後には）

普通の事務職で二社ぐらいだと思います。……（どうして出版社がいいと？）出版社にいるといろいろな人に会えたりとか……。ほんとうに漠然とした考えでした。……そんなにリサーチとかもなく、出版といって気楽に始めてしまって……。だから、（四年の秋ごろには）気持ちがすごくなえていましたね。それと、やっぱり出版をめざしたい人というのは、ほんとうに前々からそういう出版社に就職するためのセミナーとかにちゃんと通っていろいろと勉強をしているのに、自分はやってきていないし、自分はそこまでして出版に行きたいという気持ちがあるのかどうかという疑問がすごく出てきましたね。

それぞれのケースが、それぞれの思いから、公務や出版業への絞り込みをしている。事例32のケースは、在学中に半年海外を放浪したこともあり単位が取れずに留年、それに加えて入学前に二年の浪人期間がある。こうした経歴が民間企業への応募を早い段階であきらめさせている。事例33のケースは、社会と自分の関係を考え続け、接点を広げながら就職活動は積極的に行なっている。内定に至らないのは、面接での自己表現が苦手であるから、そして、それが苦手になった背景には、大学でのジェンダー論のゼミでの「頭でわかっても感情でわからないという」議論に、発言できなくなる自分を感じてきたことがあると自己分析している。

事例34のケースは、漠然とした面白さを出版に感じての絞り込みだが、事前の準備不足に気づき、次第に就職活動への意欲を失っていく。自分と仕事とをどう関連づけるのか、むしろこれ以降に悩みはじめる。

就職内定を得られない大学生の一つのタイプとして、「就職」を目前にして働くこととは何かを考え、その一応の結論として業種・職種の絞り込みを行なうが、求人が減少した中で、その現実的接点がうまく設定できないというものがあることが考えられる。

事例35も、働くことそのものをどう自分の中に消化するのか、学生時代の就職活動をひどく限定的なものにすることでその段階の自分との折り合いをつけ、（その折り合いのつけ方では産業界からの了解は得られず）就職をあきらめ、海外放浪で自分を見つめようとした。

〔事例35〕（二五歳・大卒・男性）

（育ててくれた祖母がなくなってから）、何か就職とかも、大学卒業したら就職しなきゃいけないのかなみたいな疑問を感じるようになって。……すごいいろいろ考え始めた。別に大手に入らなくてもいいんじゃないか。それまで当たり前に思ってたことを、ちょっと考えるように（なった）。（*就職活動は？*）何かやりたい仕事だったら、いいかなって。そのときは、映画は好きで、スノーボードがすごい好きだったので、映画の配給会社と○○スポーツにエントリーシートを出して、でももうそのぐらいしかやらなかった。……あと、カード会社。それが何か、海外研修ある、みたいな感じで。……（*結果は？*）それはもう全然だめで、エントリーシートからだめだったから。で、もう坊主にしましたね、そのときに。……「もう就職活動いいや」みたいな感じで、丸坊主にして。……（*大学の就職課で情報とったり相談したりは？*）してないですね。何かぺらぺらとOBがいる会社とかは見たりしたけど、相談とかもほとんどしなかった。……（*就職をやめてどうするつもりだったの？*）もう、あれ、海外……。多分、もう大学三年の冬ぐらいかな。海外行きたいみたいなことは、家族に言って、親は、行くんだったら、休学して留学しなさいって言ったんですけど、何かそういうんじゃないんだよなと思って。……卒業してから行くみたいな感じで、卒業して。

これらのケースには、自分の生き方、働き方を正面から考えて進路を見つけ出そうとするきまじめな方向性が見てとれる。ここでは、「周りの友達」や「みんな」の行動は意識されていない。就職活動を限定的にしているのは、青年期の課題にまともに向き合う過程での行動であるためだと思われる。

これに対して、次のケースは「新卒採用ならどこでもいい」と業種や職種にはこだわりを見せず、一方で、地域や保険・年金、労働組合といった働く条件面を重視している。

〔事例36〕（二五歳・大卒・男性）

*（何社面接受けた？）*二社しか。だから就職課の人に、大学のほうで斡旋していただけるようでしたら、もう喜んで採用試験を受けさせていただきますと、就職課長の方に言ったんです。……新卒でどこでもいいという考え方もあったんです。もう新卒でもし採用してもらえるんだったら、どこでも業界・業種は問わない。*（機械工学専攻だから、求人はあったんじゃない？）*そうです。ちょっとあまり乗る気にならなかったのもある。……*（受ける気になったのは？）*やっぱり東京都近郊とか……あと、福利厚生とか、労働組合があるといったとか、……健康保険、雇用保険とか社会保険、厚生年金とか、そういった四つがちゃんとそろっているところとか。そういった数字とか見てみると、意外とないところもあるんですね。

このケースは、三年時には卒業の見込みが立たないため就職活動に入れず、留年して必要単位をとってから、学校での斡旋にのれるようになった。「どこでも」というのはその焦りもあると考えられる。結局二社とも失敗し、そのまま卒業だけする。そこで、「仕事選ぶのって重大な選択じゃないですか。なので、何かいろいろな仕事を経験して、そこから何かちょっと仕事の楽しさが見つかれば、そういった仕事につこう」と、アルバイトでの就業を選ぶことになる。

この行動まで含めれば、これらのケースに共通することとして、最初の「就職」の重要性を意識して、将来にわたる重要な選択であるだけに、自分の生き方とどう折り合いをつけていくのかを正面から考えていることが指摘できる。そのプロセスと就職活動が並行している状態だから、なかなか正社員就業に至らない。

各ケースの卒業後の状況を確認しておこう。

事例32は、いったん郷里に帰って社会保険労務士資格のための勉強をし、取得のめどがたってから上京して求職活動をしている。求職活動をとおして、資格をとっても実務経験がなく年齢が高いので良い条件での就職は難しいという認識を持ち、また、違う学校に通って別の資格取得を考えている。

事例33は、その後郵政の試験に合格して郵便局勤務するのだが上司と折り合わず短期で離職、次に、知人の個人経営企業を手伝うがこれも経営方針に納得できず離職し、現在は、あらためて公務員をめざしての勉強と大手スーパーでのアルバイトをしている。アルバイト先には正社員登用が制度化されており、こちらの方向も考えている。

事例34は、卒業前に就職活動を断念して「おもしろそうだ」とテレビ局のアルバイトに。フリーターでもいいと考えていたがあまりアルバイトに入れる日数が少ないので、事務職希望で就職活動を再開するが決まらない。では資格をと簿記の勉強をして、資格取得の見込みをつけてハローワークで求職。そこで「本当にやりたいと思っていれば大丈夫」と励まされたことが、逆に「本当に自分がやりたい仕事はどういうものか」とまた、自問を始めてしまった状態である。

事例35は、卒業後、パチンコ屋でアルバイトをしてためたお金に親からの借金を加えて、ニュージーランドで一年間ワーキングホリデーを過ごす。帰国してからは飲食店でのアルバイト。親に申し訳ないと、何とか就職したいと思っているが、「じっくり考えて……就職できたとしても半年とか一年だったら意味はない」と情報収集の段階だという。

事例36は、卒業後はテーマパークで九ヵ月アルバイト、その後インターネット接続会社での電話相談の仕事などアルバイトを転々とし、現在は、あと一ヵ月で二六歳になるという年齢に恐怖感を感じながらヤングハローワーク等で求職活動をしている。

3・3　就職活動できなかった背景

ここまで学校卒業段階で就職活動をしたにもかかわらず、不調に終わり、アルバイトや無業になったケースについて見てきた。

高卒者では、学校内での成績や出席状況のよい生徒が学校斡旋プログラムにのっているのだが、地方部では求人減が著しく、就職できない状況があった。また、都市部でも就職志望のタイミングが遅いなど、プログラムにのるタイミングを失すると就職できない状況があった。卒業間近には、直接ハローワークに行ったりと活動レベルを高めているが、二〇歳未満で応募できる求人は少なく不調であった。卒業後は、出勤日数の多いアルバイトでまじめに継続的に就業しているケースが多い。公的機関での若者向け有期限雇用のプログラムは有効で、これを契機に就業チャンスが広がっている者がいた。高校の就職斡旋にのって活動した生徒は、勤勉さを備えているケースが多く、アルバイトに就いても勤勉な様子がうかがえる。

短大や専門学校の二年課程の卒業者では、卒業制作などの二年次の専門教育と就職活動を両立させることが難しく、就職活動が不活発だったケースがある。こうした場合、学校での専門を生かした専門職への希望が強いので、卒業後も方向性のあるアルバイトをし、専門職への求職活動を続けている。また、専門職に直結しない課程や本人が特に専門職での就職を望んでいないケースでも、(事務職求職となり)就職できないことが珍しくない状況になっている。学校の友人、仲間集団の行動が本人の行動に大きく影響を与えている。また、専業主婦志向もあって、アルバイトに就くことに抵抗がないケースもあった。

四年制大学卒業者では、自由応募の慣行のなかで、業種・職種の絞り込みをどう行なうのかが難しい課題になっていた。一斉一括採用のタイミングにのる「就職」の重要性を意識しており、それだけに、就職と自分の生き方とどう折り合いをつけていくのかを正面から悩んでいるケースが多い。その時点での自己認識・考え方にしたがって業種・職種の絞り込みを行なっているのだが、体験不足もあり、現実的な労働市場とのすりあわせが難しい者もいる。また、大学入学時点で浪人し、在学中に留年し、と複数年の遅れを感じているケースで、公務員や資格職業への志向が強く見られた。移行のいずれかのタイミングでのり遅れることが、(民間企業における)一斉一括採用、入社年次による人事管理において不利になると感じ、こうした志向につながる面も考えられる。

4　早期離職

いったん就職してもすぐにやめて、無業やフリーターになってしまう若者も多い。次はこういうケースについて見てみよう。

4・1　高卒就職者の早期離職

就業準備不足

早期離職した高卒就職者のうち、最初の事例37は、入社式の日取りを聞いていないと言って出社せず、そのまま連絡をとることなく、やめてしまっている。事例38は体調を壊してということだが、四日間でやめている。最初の職に就いたともいえないあまりに短期の離職は、背景に求人が少ないなかでの選択で不本意なところもあるだろうが（さらに、事例38の健康問題の背景は不明だが）、生徒の側に就業への準備が十分できていないことに問題があったケースだと思われる。なお、事例37はその後、ハローワークに求人を見に行っているが、結局、今は友人の誘いでカラオケ店でアルバイトをしている。事例38は、「正社員・パートって別にこだわらないで、とにかくなんか自分がしたい仕事があったら、入れたらラッキーぐらい、しか思ってない」と「仕事を探したり探さなかったり」という状況にいる。

〔事例37〕（一九歳・高卒・男性）

近くて、土・日休みでという感じ、ほんまに楽なとことという理由で選びましたけど。……受かって

表1-7　早期離職した高卒就職者のケース

事例番号		37	38	39	40	41	42	43	45	46
	年齢	19	18	19	19	22	24	20	24	19
	学歴	高卒	高卒	高卒	高卒	高卒	高卒	高卒	高卒	高卒
	性別	男	女	女	男	男	男	男	男	女
	地域	関西	関西	関西	関西	関西	首都圏	東北	関西	関西
	現状	アルバイト	無業	無業	パート	アルバイト	無業	無業	アルバイト	アルバイト
	就職先	機械部品工場	印刷会社	金物製造卸売り	日本料理店	日本料理店	土木建築	トラック運送業	自動車部品販売	美容院
	就業期間	0日	4日	2カ月	3カ月	1年半	5カ月	10カ月	3年	1年2カ月
正社員就職先離職	不本意就職先	○						○		
	長時間労働				○	○		○		○
	孤立的職場				○			○		
	入社式知らず	○								
	上司とのトラブル					○	○		○	○
	上司からの暴力						○			
	勤務地変更(住居移動)				○	○				
	バイトのほうが楽しそう					○				
	勤務条件が違っていた									○
	大卒との格差								○	
	仕事がこなせない			○						
	仕事内容あわない			○						
	体調不良		○							
	経営不安(やり直せるうちに)					○				
	業界への幻滅									○

たんですけどね。入社式の日取りとかの情報がなくて、「あったんや」思うんですけど、学校が忘れたのか、僕が忘れたのかわからないですけど。で、そのまま。（入社式に行かなければ、学校から連絡はなかった？）一回電話かかって来ましたね、学校から。……「あやまりに行こか」とか言われたんですけど、そんな、「あやまって入るぐらいやったら、もう辞めとくわ」って、会社辞めました。

〔事例38〕（一八歳・高卒・女性）

（卒業間近まで決まらずハローワークで探した求人を受けて）受かったんですけど、受かって働きはじめたんですけど、なんか、急に体調が悪くなって、なんか、辞めなあかんかったような感じで……正社員でなく、研修があって、期間があって様子を見て、できそうかできへんか、を向こうの人が決めるみたいな。（続けたい気持ちはあったのかな？）続けたかったけどどうしても辞めなくてはならなくて……辞めてしまってまた探さなあかんって感じで、うーん。（期間はどれくらい働いたの？）四日間しかいなかったです。たった四日間。

仕事内容が合わない

次の事例39も学校紹介で就職しているが、二ヵ月で離職している。彼女は、早々に営業事務の仕事内容が自分で無理だと感じている。事前の職場見学があれば生まれないミスマッチだろう。

〔事例39〕（一九歳・高卒・女性）

仕事は営業事務でした。……パソコンと電話と、あの、なんかいろいろ伝票とか、発行とか、なんかいろいろ。……お客さんを担当するってことになったんですよ。……「今度からは私がやります。

よろしく」とか言った後にポンっとやめられへんから、その前に、あの、まぁやめようということで。……けっこう初日らへんから、「こりゃあかんわ」って思いました。……電話とか、「あっ、これは私はやっていけるもんじゃないなぁ」って。

勤務地の変更と仲間集団

次の事例40も在職期間は三ヵ月と短い。就職先は個人経営の飲食店だが、勤務地の変更と住み込みで働くという勤務条件の変更を提示され、やめている。この場合は労働条件の変更という以上に、「遊び仲間」を非常に重視する若者側の価値観と、職場サイドの「友達と縁切らなあかん」という方針との対立が大きい。小さな職場で、職場での仲間集団が形成できない環境において、在学中からの遊び仲間の存在は、若者にとっては心の支えともいえる重要な人間関係であろう。一方、職場からすれば、その遊びのために仕事に身が入らないとマイナス要素にしか映っていない。職場が期待するプロへの覚悟という意味では職業人としての準備不足ではあるが、同世代の仲間集団が形成できない孤立的な職場で職業生活を始める若者の心情には配慮が必要だろう。本人は、中学時代から調理師への関心が強く、現在のアルバイトもスーパーの売り場で魚をさばいている。将来は食べ物屋を持つことが夢だという。

また事例41も、離職のきっかけは名古屋への転勤命令である。このケースでは、就職先選択時にはとんど何も考えず、「寮がある」という条件を満たす求人で、求人一覧表の最初に出てたところに、それだけの理由で応募してしまっている。一年半と長く続けてきたが、「大事なことをまったく考えていなかった」と自分の進路選択を反省している。この時点で転勤命令を受けて動揺し、さらに、アルバイトをしながらバンドにかけている友達が楽しそうに見えて、離職を決意している。やはりここでも友達と会えなくなる「転勤」は受け入れがたい条件になっている。このケースのその後は、別の友達の誘いでガードマンをしていたが、いったんは正社員として地元の会社に就職した。が、経営状況に不安を感じ、やめて再びガードマンのアルバイトに就く。今は「一生面倒見てくれる会社を探したい」。友達が就職して、焦りを感じて求職活動をしている。

〔事例40〕（一九歳・高卒・男性）

（やめたのは？）住み込みで違うところで働けいう感じで言われたんですよ。……もう、強制的に行けみたいな、……そこの店に一遍連れて行かれたんです。……きょうからでも来いみたいな、言われたんですよ。荷物は今度持って来いみたいなんで、それは嫌やったんですよ。友達と余計遊べなくなるじゃないですか。……やる気があまり見えへんと言われたんですよ。……友達と縁切らなあかんとか言われたんですよ。そのために住み込みで働け言うて。嫌やったんでやめた。

〔事例41〕（二二歳・高卒・男性）

夏休みの登校日いうのが（応募先の）最終決定か何かだったんですけど、その日忘れてて昼過ぎまで寝てたんです。M先生に電話されて、就職せんのかって。……僕、就職するときは家を出ていけと言われていたんです。寮のあるようなところに行って、出ていきなさいと言われていたんで、先生に寮があるところを探してますみたいなことを言って、寮あるところで一番のページで、上から、あっ、寮と、一番最初に入っていたこれという形で決めちゃったんです。

（料理店に一年半勤めたあと、なぜやめたのですか？）名古屋の店に行けと言われたんです。そのときに確信しました、嫌やと。絶対嫌やと思いました。……初めての就職で、大事なこともまったくちゃんと考えてなくて、その一年半ぐらいでやっと気づきだしたときに、ちょうどタイミングでそう言われたんで。考えだしたときに、あっ、やらんわってすぐわかったんです。……久しぶりに仲よかった友達と会って、その子がバイトしながらですけど、ものすごい自分のやりたいことをやってて、楽しそうに見えて、ああ、いいなと思ってた矢先に名古屋に行けと言われたんで、胸張って嫌と言いました。（お友達は何をやってる子なんですか？）バンドやってましたね。楽しそうでした。

職場の暴力

次の事例42は「何をしていいかわからない」ことから親のツテで土木建築の職場に入るが、ここで親方から暴力的な指導を受け挫折する。暴力が離職の引き金だが、選択時の方向性のなさが背景要因にあったのだろう。離職後、この失敗のダメージを引きずってしばらく仕事に就けない状態であったが、その後レンタルショップのアルバイトに就く。接客が合わないと思ってやめ、さらに無業の期間があって、後に食品仕分けのアルバイトに。仕事が少なくなったため辞めて、今は、求職中である。

〔事例42〕（二四歳・高卒・男性）

自分は就職っていってでも何やっていいかわからなくて、何の仕事を見つけていいか、探していいかもわからなくて。……（親に）自分は何やっていいかわからないんだけど、どうしたらいいかなみたいな相談を親に持ちかけて、そうしたら、じゃあ、知り合いの土木の会社で仕事あるから、ちょっと行ってみてやってみるかという話になって……（それを五ヵ月でやめたのは？）まあ、仕事ですから、もう、きつい、つらいということは我慢できるんですよ。仕事は多分、どんな仕事でもきついでしょうから。ただ、教えてもらう、上の親方っていうかが、とても厳しい人で、もう正直、毎日どなられ、たたかれの連続だったんですよ、正直。……時には蹴られみたいなね、もうちょっと仕打ち的な扱いされたんで、正直。ちょっとこれは精神的に続かないだろうっていうように自分で思って、もうやめる判断を自分で下して、それでやめました。

長時間労働・高密度の労働

正社員の職場での長時間労働の問題が指摘されているが、若者の離職の背景にも、長時間労働や、労働密度の高い職場の問題が影を落としている。

〔事例43〕（二〇歳・高卒・男性）

（運送会社に学校斡旋で就職）（勤務時間は）求人票では八時半~五時半までだったんですけど。実際入ってみるとやっぱり多少のズレはあって最初は七時から六時とか五時半くらいで上がらせてもらったんですけど、やっぱり仕事慣れてくるにつれて朝の六時とか。……で夜は一二時過ぎちゃったりとか。初めびっくりしちゃって。一〇時とか一一時は普通でしたね、毎日。……（*毎月の残業時間は？*）だいたい一〇〇時間くらい。……（*仕事をやめたのは？*）やっぱ朝五時とか六時に起きて、夜遅く、また次の日も早く起きてということが続くと身体がだんだんもたなくなってくるんです。でも「やっぱりみんなやっていることだから」って我慢してたんですけど、やっぱりつらいなって。

大卒との格差

職場の学歴間格差も離職の要因になっている。次の事例45は、力をつけ仕事をこなしているという自負があるだけに、後から入ってきて仕事ができない大卒との給与が逆転していることに納得がいかない。離職の要因としては以前からあったものだろうが、職場の高学歴化が進みつつあり、かつての高卒と同じ仕事で大卒が入ってきているという最近の傾向が特に理不尽さを強く感じさせるのだろう。

表1-8　早期離職した高等教育卒就職者のケース

事例番号		47	48	49	50	51
	年齢	26	24	26	25	22
	学歴	大卒	大卒	大卒	専門卒	専門卒
	性別	男	男	男	男	男
	地域	首都圏	首都圏	首都圏	首都圏	関西
	現状	アルバイト	職業訓練	無業	無業	アルバイト
	就職先	アパレル貿易商社	ベアリング製造業	レンタル業	外食産業	設計社員
	就業期間	1年半	5カ月	2年8カ月	4カ月	3カ月
正社員就職先離職	上司とのトラブル				○	
	上司からの暴力				○	
	他にやりたいこと					○
	勤務条件が違っていた					○
	仕事がこなせない	○	○	○		
	仕事内容あわない		○	○		
	できそうなことなら何でも応募		○		○	

〔事例45〕（二四歳・高卒・男性）

三年も働いてくるとだんだん上に上がっていくじゃないですか。ピット長の代行やったんですけど、給料はそれに伴ってきてへんみたいな。……不景気やから大学卒業生とかもうちに来るようになり始めて、大手入られへんから、僕らみたいな会社に入ってきて。給料がスタート時点がまったく違って、たまたま大卒の給料見たんです。そんなら明らかに、ちょっとおれ負けてるやんみたいな給料やったから。……こっちは三年やって、ピット代行して、ある程度いろいろ仕事こなせるようになって、あほくさ思うて。……それで店長に話したんですけど、店長は全然話にならなくて、次長とかに話したけど、仕方がないみたいな。ならやめますわ。

職場への幻滅　職場の人間関係のいやな面を見たり、技能・技術の水準が低く見えて、職場に幻滅を感ずることも、離職の要因となっていた。特に目新しい傾向ではないが、離職へのためらいは小さくなっているのかもしれない。

〔事例46〕（一九歳・高卒・女性）

美容院に就職したんですけど、そこの会社の社長さんが経営してる職業訓練校に行って……（今は辞めて職業訓練校にだけ行って……（美容院をやめたのはなんでですか？）なんか、店のやり方とか、一年ではわかれへんとかよく言われるんですけど、やっぱり人間のこととか、いろいろ、いやなこととかもでてくるし、その、技術的なものでも見ててもあんまり勉強になれへんとか思ったり、上の人は言うだけ言うけど、下のことはなんかあんまりわかってないみたいな、そういうところもあったから。

4・2　高等教育卒就職者の早期離職

高等教育卒業者の早期離職率も高まっている。そこで語られる理由を整理してみる。

仕事がこなせない　事例47は、学生時代からアパレル関係の仕事がしたいとの希望があり、積極的な就職活動をして、この会社に営業職で入った。意欲を持って仕事に取り組んでいたものの、仕事がこなしきれなくなり、自信を失い、一年半で退社している。最近の職場の傾向として、若手社員の負担の増加が指摘されているが、このケースもそれに該当するのではないだろうか。

〔事例47〕（二六歳・大卒・男性）

（仕事は）楽しかったんですけど苦労も多くて、とにかく体力が要って大変だった。あと寝る時間がないとか。……自分のミスが発生して周りに迷惑がかかったりとか、損失を与えるとか。結局、ミスっていってもお金が絡むミス。何のために仕事やったんだってことになっちゃうでしょう。周りの人にもすごい睡眠時間を削って仕事させる羽目にもなっちゃうし。それが一番つらかったですね。……最低限、責任を負わないと、社会人として、やっぱり働いているってことになりませんからね。……向こうから、もうちょっと無理なんじゃないっていう感じで。僕もちょっともう無理だなって思った。（やめたときの気持ちは？）ほかの仕事にもうつけないんじゃないかって思いはじめちゃったりとか。……こんな仕事もできないんじゃっていうのが一つあって、どこに行ってもだめなんじゃないかとか考えだしちゃったりとか。

このケースの場合は、周囲に迷惑をかけているとの負担感から辞職しているが、次のケースのように、仕事がこなせないことに厳しい評価を突きつけられて、辞めている者も少なくないだろう。

厳しい能力評価と退職勧告

事例48は、工学部卒で機械製造業に就職した。製造現場に配属され、本人も一年ぐらいの下積み期間の配属と理解をしていたが、機械そのものを使用した経験がないことから非常に大きなプレッシャーを感じ、結局、五ヵ月で退社することになる。大卒社員をどのような労働力としてどう配属し、どう育てるか、本人と企業側の思惑の違いがあったと考えられる。こうした現場の忙しさにはついていけない本人の問題もあるだろう。結局、自己都合退職にはなっているものの、離職の背景には会社側からの厳しい能力評価がある。

この点は、事例49も同様で、会社側の期待水準に達しなかったといっていいだろう。このケースは、

「線路が引いていないと何もできない」と指摘され、また、アルバイト社員の多い職場での正社員として「人が使えない」ということが問題にされ、「なめられキャラ」と批判されている。さらに、「雇うのにいくらかかっているると思っているんだ。無駄に金は払えない」という言葉を浴びせられている。

事例47のケースを含めて、これらのケースでは、最初の就業先で突きつけられる厳しい評価が、退職後、本人にとって大きな課題となり、正社員として次の職場を求めて就職活動をすることを躊躇するようになっている。

〔事例48〕（二五歳・大卒・男性）

自分は工作ということで、穴あけというのをやっていました。ボール盤とか、マシニングですとか。……（大学で関連領域の研究はしたが）機械をいじったことはなかったです。……いろいろ教えられて頭がパニックになってたりとか。それでさらに雑用とかそんなことを。……（つらかった？）つらかったですね。ほんとうに。休日も何もする気にならなくて。ただただ月曜日が憂うつで。ほんとにもう、何もやる気がなくて……結局その部署では六月ぐらいまでやっていましたね。「三ヵ月たっても残業できないのかって、新入社員で残業できないのはおまえだけだと。恥ずかしくないのか」と。……部署をかえてもらうことにしたんですが。……ちょっと向かないいんじゃないかって社長のほうからお話がありまして。それでちょっと親ともいろいろ話し合って。それでやめることを決断したんです。このままですと解雇になっちゃうので。

上司とのトラブル・職場の暴力

これらのケースは、職場でのトラブルを本人が自分の能力の問題と捉えている。

一方、本人の問題としてではなく、上司・職場の問題として捉えているケースもある。事例50の場合、暴力も介在しており、本人の職場への思いはうらみに近いものになっている。このケースの場合も、すぐに次の求職はしておらず、違う方向を求めて資格をとる方向にすすんだ。
また、これらのケースに共通するのは、在学中の就職活動の活動性は高く、何が何でも就職するという意欲が強かったという点である。事例50のケースは特に、専門学校での斡旋が（学業不振のため）望めず、自力で探すと「何が何でも手当たりしだいに」がんばった末に得た職である。こうしたケースでの採用先は、これまで高等教育卒業者を多く採用してきた企業ではないことが多く、その育成プロセスが確立していないし、また、配属先も高等教育卒業者があまりない職場であることが多い。職場の期待が本人の認識に比べて、時には過大だったり、過酷だったりということがあるのではないかと考えられる。

〔事例50〕（二五歳・専門学校卒・男性）
一応（内定が）三つ決まったんで。……結局、バイトから親しんでいる、外食産業がいいんじゃないって、一社決まったから。（で、どんな仕事なんですか？）もうバイトと一緒。……バイトのようにに、ほんとにたたき込まれて教えられてた。……接客もやったし、調理もやったし。一通り全部やらされた。……（そのお店にずっといたの？）いないよ。（どうしたの？）やるのは構わない、教えるのも構わない。けど、ちょっと暴力とかあったから。……（暴力ふるわれたというのは、そのお店の上司の人に？）肉体的には店長さんから、心は上司がやったんです。

働く覚悟

次の例も専門学校卒業直後に就いた仕事を、二、三ヵ月でやめている。就職先の職場との関係ではなく、本人の中に、自分の生き方と働くこととの折り合いが十分つけられていない、という職業選択段階の問題を残して就職したための早期離職である。

〔事例51〕（二二歳・専門学校卒・男性）

嫌だったというのもあります。今思えば若かったんだろうなと思うんですけど。それと、今バンドをやっているんですけど、そっちを本格的にやりたいなと思って。べたなフリーターという感じですね。（バンドはいつから？）専門学校の終わりぐらいからやり出して、やっぱり就職して土日しか休みがないんで、融通きかなくて、バンドでやるにはちょっとしんどい環境だったので。それで、もう嫌だし、やめてしまえという感じで。……専門学校をもうすぐ卒業というときに、僕はこのままでいいのかなと思って、その流れでバンドを……このまま卒業して、社会人になって、ずっとここで働くのか、おれ、こんなんだったのかな、何かやりたいことないのかなという感じですかね。

4・3　早期離職の理由

この節では、早期離職の理由を学歴別に見てきた。高卒者で早期離職したケースについては、本人の側に就業のための準備ができていないケース、仕事内容が合わないケース、勤務地の変更に従いたくないため辞めたケース、職場の暴力や、長時間・高密度の労働、大卒との格差、業界への幻滅など、職場側の問題も大きいのではないかと思われるケースがあった。

高等教育卒業者で早期離職したケースについては、高い就業意欲を持って（中には、どんな業界でもいいいと）積極的な就職活動をして、入社したものの、仕事がこなせないため、さらに職場からむしろ退職勧告を受けて、離職するケースが目立った。これらの背景には、高等教育卒業者をあまり採用してこなかった職場で、かつ、ギリギリの人数で運営しているような職場において、早くから大きな責任が与えられたり、過剰な期待がよせられるなどの事情があると考えられる。最近の傾向として、絞り込んだ採用の結果、若手社員の労働密度が高まっているという指摘もある〔労働政策研究・研修機構 2004b〕。こうした職場要因から離職する若年者も少なくないだろう。ただし、彼らは自信をなくして自分から辞めるか、「将来に影響がある」と自己都合退職の形をとることを勧められるので、統計上の失業理由は自己都合という形になっているのではないかと考えられる。

5 離学後、離職後の状況と意識

学校を離れたり、最初の職場を離職したのち、次に正社員で就業していないから無業やアルバイトでいるわけで、なぜ次の正社員の職に就いていないかも「スムーズな移行」の障壁を探る上では重要な視点である。本章では、これまでの記述のなかでそれぞれのケースの離学、離職後の状況の概略を記してきたが、この節ではあらためて（再）就職していない理由として述べていることを整理してみる。

5・1 正社員の就業機会の限定

正社員になっていない理由としては、まず正社員の口が少ないこと、なかなか採用されないことが挙げられる。採用されない理由として挙げられるのは、知識や経験がないことが最も多い。

かりの若者が応募できる求人は極端に少ない。

求人がない・採用されない

正社員への求職活動としては、新聞の折り込みチラシのチェック、ハローワークに求人を見に行くという行動を多くの者がとっていた。そこで「いい求人がない」「応募しても採用されない」と正社員への高い壁を感じている者は多い。特に地方では、高校を卒業したば

【事例24】（一九歳・高卒・女性）
今は何もしてなくて、仕事を探している。（どうやって？）ハローワークに通ってる。……パソコンみたいな画面があるんで検索して、求人が来ているのを探してる。

【事例25】（一八歳・高卒・女性）
（就職できずに卒業、その後は？）最初は就職、やっぱり探してたんですけど。（ハローワークで求人を見たら）二〇歳からってわかってたんで。……親も二〇歳までに就職見付ければいいって。

【事例41】（二二歳・高卒・男性）
友達が急に就職が決まっちゃったんで、もうびっくりして、ここで僕もちゃんと毎日のように職安行って、ここで決めたろうと思ってたんです。……もう次はやめることができないので、仕事が厳しいとかじゃなくて、一生できる、任せていいんかなというところを選びたかったんで、厳しさはある程度やったから経験あるんで、そういうでかいところは何か資格が要ったり、面接はやってくれない状態で、何個か受けても落ちたりで。

技能・経験の不足

正社員への壁は、具体的には、技能・技術や経験がないことでまず書類選考などで落とされることに現れる。事例45はインテリアコーディネーターの資格を、事例41は大型自

動車の運転免許を取ることを考えたというが、その難しさや、資格を取ったとしてもそれで就職が容易になるという見込みがもてず、資格取得に動けない。専門教育を受けた事例30も、実務経験がなく女性で年齢が相対的に高いことがハンディになっていると感じている。

〔事例45〕（二四歳・高卒・男性）
インテリアコーディネーターみたいな、あれしたら、ちょっと楽しいかなみたいな。やめて、そっちへ行こうかなと思ってたけど、免許がなかったから、書類選考で落とされて。……未経験ではなかなか無理かなと思って……自分でも（インテリアコーディネーターの）テストは受けられるみたいですけど、なかなか通らんみたいで。何か今さら学校行くのもなと思って、ちょっと勇気要るなと思って。もっと早いうちに行けたらよかったなという後悔もあります。……何とか家具、そういう関係も送ってみたけど無理で。なら家具製造やったらどうかなと思ったんやけど。……何個かいったけど、やっぱり機械使われんかったら話にならん言われて。

〔事例41〕（二二歳・高卒・男性）
僕の場合、小さいですけどなるべく配達がしたいなと思ってるんですけど、それを見ていくとないんで、とりあえず最初それを見るんです。やりたい仕事を見るんですけどないから、だんだん妥協していって探していく。（大型免許を取ろうとか考えていますか？）お金がないし、取っても大型トレーラー、トラックで免許を持っていても、実務三年とか書いてあるじゃないですか。だから、大型でも絶対やってなかったら採ってくれないですから。

〔事例30〕（二四歳・専門学校卒・女性）

（映像・音響系の専門職をめざして……大体どのぐらい今まで応募したと思う？）三〇以上はしてます。面接までいったのは、二〇はいってないけど、一〇以上はいってる。（自分では、何で通らないんだろうと思う？）今通らないのは、未経験者ですので。それと年齢。二三か二四（歳）というのは、女の人だから。

事例45の場合、高校進学時に本人は工業高校を志望していたが、親と教師の勧めで普通科に進学した。失業し、再就職で技能を持たないことからくる壁を前に、この進学を悔やんで「その時点で僕はもう終わってしまった」とも感じている。技能・技術の獲得の重みをあらためて感じたとき、今後の獲得の難しさと過去の選択の悔いとが重くのしかかり、次への意欲がなかなかわかない状況に陥っている。

心の準備

応募しても受からないのは、正社員になることとの覚悟といった本人側の心の準備不足というとらえ方をしているケースもある。

〔事例2〕（二二歳・中卒・男性）

正社員で働こうとかは考えてはいたんですけど、自分がこういうやる気（がない状態）だし、無理なのかなみたいな思いが強くて、親戚から勧められてホテルの面接に行ったこともあるんですけれども、やっぱり面接のなかで自分をうまくアピールできなくて、落ちちゃいました。……何か、平坦っていうわけでもないんですけど、淡々としていた感じで、自分のなかでこれはだめだなみたいな。あと、やっぱり自分のなかで正社員で月のほとんどを仕事するっていう心の準備がまだできてなかったのかもしれません。

アルバイト経験のマイナス

アルバイト経験が長いことや、経験職種の内容が正社員に就くにはマイナスになるという認識もある。次のケースの場合は、正社員として事務職を意識しているのではないかと思われるが、喫茶店での仕事経験がマイナスイメージを与えるのではないかと危惧し、正社員は「無理」と判断している。

〔事例29〕（二四歳・短大卒・女性）

（正職につきたいという考えは）あるけど、無理。……喫茶店とかってイメージあんまりよくないんです。……「昔の人に言わしたら、あれは水商売」って言ってきた人がいた。「面接の人にあんまり言わんほうがええよ」って、喫茶店でバイトしてたっていうのは。……あと、フリーター歴が長い。四、五年になる人。一年とかやったらまだ言い訳とかいろいろできるじゃないですか。

正社員経験がない、応募するには技能・技術や経験がない、アルバイト経験はむしろマイナス評価されると、自らを労働市場では不利な立場であると意識しているために、正社員への意欲を失っている者も少なくないだろう。

5・2　アルバイト・非正社員の利点

一方で、アルバイトをはじめ正社員以外の雇用形態にメリットを感じているから正社員になるための求職活動をしていない場合もある。その利点としては、まずアルバイトや非正社員なら就業できること、こうした雇用形態からやりたいことにつながる機会があること、その仕事や職場が楽しかったり、収入面で勝っていたりすることが挙げられる。

就業機会が豊富　正社員に比べてアルバイト等は就業の機会が豊富である。まず、就業チャンスの伝達が、友人・知人の誘いというインフォーマル・ネットワークよってスムーズに行なわれている場合が目立った。採用試験など難しい壁があるわけではなく、また、友人に誘われて一緒にアルバイトにはいるので、安心感があり心理的なハードルは低い。

〔事例37〕（一九歳・高卒・男性）
探してるときに（友達から）「一緒にバイトしようや」って誘われて、まあ「とりあえずバイトでええわ」と。……アルバイトはもう四月に決まったんで。

〔事例41〕（二二歳・高卒・男性）
（最初の職場をやめてから）三ヵ月か四ヵ月ゴロゴロしてました……何かで友達の番号を知って、おれ、今、プーやねんって言ったら、なら、おれが行ってるところ来いやみたいな、ガードマンですけど、軽トラでA市まで行ってやっとんねん、やるかみたいな感じで、二人で軽トラ乗ってやってたんです。

〔事例29〕（二四歳・短大卒・女性）
（アルバイトに就いたきっかけは？）これも友達。……何か、「だれかおらん？」みたいな感じで友達も聞かれてて、たまたまその時期に私が。

アルバイトへの契機は、こうした友人・知人からの誘いのほか、すでに、学生・生徒のころから多くが経験しているために、それをそのまま続けるという形での入職も少なくない。

【事例17】（一九歳・定時制高卒・男性）
（*就職関係についてはまったく何もしなかった？*）はい。（*在学中のバイトを続けていこうということですか？*）だと思う。（高校を出ても）何も変わらない感じです。

【事例18】（二〇歳・高卒・女性）
（*周りの子は結構就職した？*）半々ぐらい。半分は学校からとかで就職して……。就職が決まっていない子は、その子らがずっと高校からやってたバイトが長くて、卒業してからも別にバイトでいいねんみたいないなのとか。

このほか非正社員の就業機会としては、若者への支援の一端として、地方自治体や学校、若者就業支援機関における臨時・有期限の雇用機会がある。本調査のケースでは、こうした機会は学校や支援機関から声をかけられる形で対象者に伝えられ、採用されている。友人の誘いと同様に、声をかけられた本人の心理的ハードルは低い。今後同種の事業が重要な役割を果たすと思われるが、公募に積極的に応募するという行動をとらない若者たちにも支援を広げるためには、支援機関側から積極的に声をかけていくという施策運営が有効ではないかと思われる。

【事例20】（一八歳・高卒・女性）
（進学希望の卒業生を）応援するみたいな制度が〇〇高校にはあって、そういう仕事があるけど、それやったら卒業した後、ほかのところでバイトするよりはここのほうが、……自分やったら、そのへんでバイト見つけたら、結局流されてしまうかなとか、そこでやっぱりずるずる働いてしまうかなと思いましたけれども。

アルバイトのほうがいい・アルバイトでもいい

これに対して、積極的にアルバイト等の就業形態を支持して、アルバイトを選んでいるケースも少なくない。積極的な選択理由として挙げられるのは、まず、本人の志望する職種・仕事がアルバイトという雇用形態である、あるいは最初はアルバイトからのほうが入りやすいという理由である。典型的なのは、テーマパークでの仕事やファッション販売系での販売員としての仕事である。

【事例36】（二六歳・大卒・男性）
○○テーマパークができたときに働いてみたいというあれがあったので……(就職活動をやめたのは、テーマパークでのアルバイトをしたいという気持ちがあった?) ありました。ちょっと二つこんがらがったとき、これもやりたいんだけれども、あれもやりたい。だから、就職する前にちょっともう一つだけ経験しておこうかなと思って。……そうですね、もう基本的に時間的にもやっぱり余裕があったので、もし採用していただけたらやっぱり一日も充実できるし、家でというかほかの仕事やっても、今まで長続きできたのは○○○のアルバイトだから。

【事例18】（二〇歳・高卒・女性）
服が好きやったから、その販売とかを。……服屋さんで働いている子から、服屋さんの面接は学校には来ないと聞いていたから。……服屋さんで社員になりたいとかではなくて、服屋さんで働けたらバイトでもいい、若いうちしかできへんしという感じやって。

【事例23】（二一歳・高卒・男性）
アパレル系、僕行きたかったんで。何ていうんですか、百貨店とか、ああいう感じ行きたいんで、ほんとはそういう系でバイトしたかったんですけど。っていうか、社員とかなりたいんですけど、なかなかなれないんで、とりあえずお金欲しいじゃないですか。だから（靴の）販売の仕事をしながら、今、探してるんですよ。

アルバイトは楽しい・収入がいい　アルバイトでの職場の楽しさや、収入に満足して、アルバイトがいいという者もいる。楽しさは、マスコミ関連で好奇心が満たせる職場だったり、同世代の若者が多く、仲間と楽しく働ける職場だったり、好きなものを扱う職場だったりするところからくる。収入面では、正社員となったときの長時間労働を考えると、割がいいという感覚が語られている。

〔事例34〕（二四歳・大卒・女性）

（*アルバイトを始めたときには、当面はフリーターでという気持ちだったの？*）そうです……在学中の一月からもうやっていました。テレビ局の下働きっぽい、雑用っぽい……。（*人気がありそうなアルバイトですね。*）そうですね。（*タレントさんとかに会えたりとか……*）ありました。でも、報道フロア担当だったので、あまり芸能人には会えないんですよ。……楽しかったですね。

〔事例12〕（二〇歳・専門学校中退・女性）

（*飲食店での*）バイトのほうは、初めてやったし、初めのころは、人間関係はしんどかったです。……がんばって、やっぱりなれてきたら、みんないい人やってわかったから、すごい楽しかった。……そこからすごい楽しいですね。なんぼ疲れとっても、みんながいてるからがんばろうかなという気にもなるし、バイトでしんどいと思ったことはないな。

〔事例3〕（一七歳・高校中退・男性）

（寿司屋のバイトに入って）今だけのことを考えたら、バイトのほうが金ええから。今は正職になったほうがちょっと高いけど、このまま続けとったら時給が上がったらバイトのほうが。時間的に考えたら、金は少ないけどバイトのほうが金もらえてるから。

〔事例22〕（一九歳・高卒・女性）

働くんやったら、ちゃんと社員になりなさい、ていうか、保険がちゃんとついているところに行きなさい、ていうのは、ずーと、ずーと今までずーとずっと言われてきてたんですけど。社員になって、一〇万そこらの給料になるんやったら、フリーターで入ってて、二〇万以上もらって保険自分で払っていくほうが、私はいいいて言いきったんです。

5・3　将来のキャリア・他の活動とアルバイト

将来のキャリアにつながる一時期のアルバイト

アルバイトなどの雇用形態を選ぶ理由には、現在への関心ではなく、将来のキャリアを見通したときの今という位置づけで選んでいる場合がある。キャリア設計の中の一時点としてのアルバイトである。まず、事例33のケースは、公務員試験を受けて公務員をめざす方向と、内部登用試験を受けて正社員につながる道として、今のスーパーでのアルバイトを選んでいる。また、事例44は、産業カウンセラーの資格には実務経験が必要なので、そのために派遣社員で働きはじめることを決めている。このほか、学校に通ったり資格を取ったりするために、まずアルバイトなどで資金を得ようということで正社員以外の雇用を選ぶ者は多い。

〔事例33〕（二七歳・大卒・男性）

（仕事をやめ公務員試験に落ちてから）……二九歳が国家二種の最終年齢制限ですから、そこまでとりあえずがんばってみようかと。何らかの稼ぎが必要だよねという話をして、○○で今、パートで働いてという話なんです。……まず公務員に受かればいい。受からなくてもパート社員の規定、社員登用の道もあった。……試験を受けて。そういう仕組みなんです。非常に公平な仕組み。……半年に一回（の試験を受ければ）、早く行ければ三年か四年かもしれないけど、落ちるってこともあるから。そういうふうなことをやって、社員登用の道も開かれていないことはない。これで上がっていけば、もちろん自信も上がりますから。

〔事例44〕（二七歳・大卒・女性）

そのときは労働省認定だったのが産業カウンセラー協会だけだったんで、……そのためには社会経験も必要だから。もうそのときはボランティアとか思っていなくて、心理に関するものはイコール人事と思っていて、就職しなきゃと。お金も要るし。それまで塾で相談とかのバイトをしてたんですけど、もう就職しますって言って。いきなり就職はちょっと人事はできないので、社会経験が必要でっていうことで、とりあえず派遣で経験をしてお金もためましょうっていうことで、もうばんバーンって一気に決めて申し込んで。

将来につながるキャリアの途上という意味では、次のケースのように、専業主婦になるつもりがあるから、ハードルの高い正社員を選ぶ必要はないという選択もある。

〔事例18〕（二〇歳・高卒・女性）
（私も）バイトでいいと思っていたし、何年も働かんわ、二年ぐらいしたら結婚していると思ってて。……卒業して二年ぐらいは適当にバイトをして、二年ぐらいたったら結婚して専業主婦になってと思ってた。

現在の他の活動とのかねあいでのアルバイト　現在の他の活動とのかねあいから時間の融通が利きやすいアルバイトを選ぶという行動もある。他の活動にはバンドのように、将来のキャリアとの結びつきがあるものもあるし、家族の介護などの場合もある。

〔事例37〕（一九歳・高卒・男性）
今はバンド（やっていきたいので）（就職は）「行ってなくてよかったな」って思いますけど。

〔事例30〕（二四歳・専門学校卒・女性）
うちの親が病気になっちゃって、入院みたいなことになっちゃって、お父さんに無理やりやめろと言われた。ちゃんと看病とかしろって。……それで、結局一年近く。何も仕事しなくて……お母さん自体はそんなにずっと入院してたわけではないんですけど、やっぱりすごい心配で仕事はできなかったです。

5・4　正社員への意識と就業への意欲

職業能力獲得のための学校・資格　正社員への行動を起こさない理由として、正社員へのハードルを越えるためには、職業能力の獲得や資格の取得が必要だという認識から、まず学校や訓練校に行くという行動をとるケースも多い。

【事例34】（二四歳・大卒・女性）

なかなか（就職が）決まらないので、じゃあ、何か勉強しようかなということで簿記の勉強を。……前に二級のテストを受けたんですけれども落ちちゃって、今回は一級、二級を一緒に受けたんです。……それでも、もう一級のテストも終わったし求職活動をちゃんとしようと思ったんですね。それでハローワークに。

【事例32】（二八歳・大卒・男性）

（*何で社労士の試験を受けようと思ったんですか？*）別に今も年金に興味があるわけじゃないんですけど、司法試験は何か今、ロースクールがどうのこうのと言っているし、司法書士もちょっと難し過ぎるし、じゃ、手軽に社労士をやってみようかなと思って。

【事例2】（二二歳・中卒・男性）

ちょうど大平光代さんの本が出たころだったんです。それで、何かすごいなと思ってあこがれまして、法律の関係だったら、資格さえとれば学歴がなくても働けるかなみたいに思いまして、しようと思いました。……ただ、アルバイトをやりながら独学で勉強していたんですよ。それだと続いていかなくて、親に「そういうことをやっているよりは就職しなさい」みたいなことを言われたりして、続かなかったですね。

自信回復の期間・考える期間

正社員へのハードルが職業能力でなく、働いていく自信であることがある。最初の正社員の仕事で何らかのダメージを負ってやめた場合に多い。

〔事例42〕（二四歳・高卒・男性）

（次のアルバイトまで）やっぱりちょっとあきっていうんですか、ブランクってのがあるんですけれども、（次の）接客の仕事から次の仕事に行くに関しても、やっぱりちょっと長いブランクっていうのがあいてしまって……（ブランクってどれぐらいあった？）九ヵ月ぐらいですかね……。（この九ヵ月）特に何もせずに。何ていうんですかね、家のことをやったりって感じ。……結構、このブランクは思い悩んでいた時期だった気がしますね。

〔事例47〕（二六歳・大卒・男性）

アルバイトから。ちょっと自信なかったんでアルバイトを最初にやろうと思って。最初に二ヵ月くらいは工場のほうでちょっとアルバイトをやったり、登録制のところで、紹介されたところで工場とかがあったんですけど、二ヵ月ぐらい、結局、やってたくらいだったかな。

〔事例7〕（二四歳・いったん中退後高卒・男性）

引っ越しのチラシのポスティングのアルバイトをしてたんですよ。マンションとかアパートとか、それを一年半から二年。……『フロムA』で見て、自分でスケジュールを組めるし、じっとしているのは嫌だから、まぁ、いいやと思って、働けるならいいかなと。……（孤独なのは）それは結構よかったです。いろいろ考えることができたし。今思えばありがたかったくらいかなと。

これらのケースは、職業能力の獲得、あるいは、自信回復の期間として、無業やアルバイトの日々を位置づけている。そうした準備期間が必要なのは、各人がそれだけ自分の納得できる仕事としての正社員を意識し、そのハードルを自ら高く設定しているからであろう。働くことを重視し、またそこに自己表現をこめる価値観があるから、今すぐには正社員に応募していけないのだとも言える。

就業への逡巡　こうした納得できる仕事というハードルではない、一定の社会関係としての就業に入ることを躊躇する意識も感じられるのが次のケースである。まったく求職活動をしていないわけではないが、真剣に探しているとも言いがたい。意識の方向づけがないまま、逡巡している状態で、何らかの後押しが必要なのかもしれない。

〔事例14〕（一九歳・高卒・男性）

（今までに応募したことはありますか？）直接電話して。屋根のリフォームのような感じの。……（それはどういったところがいいと思ったのですか？）外でする仕事がいいかなと思って。（ほかにはありますか？）大工とか。でも聞いたら資格がないとダメと言われた。（じゃ見習い修業をしようかなと思ったりしましたか？）ないです。

〔事例31〕（二四歳・短大卒・女性）

働きたいとは思うんですけれども、いざとなると動けないんですよね。……知らないところとか初めてのこととかに挑戦するのがいろいろ不安になったり。（ハローワークとかにも行っているのに）でも、なかなか実際に応募するまでにはいかないんですよね。……実際に働くのを考えると怖くなったりして。……バイトしか経験がないから、ちゃんとこなせるかとか。

5・5　正社員で就業しないままの理由

離学、離職した後に正社員として就業しないままでいる理由を見てきた。

まず、一つの軸は正社員の雇用機会が限定されており、そもそも就業機会が乏しい、あったとしても、なかなか採用されないという理由である。地方の高校を卒業したばかりの者に対しての求人は特に少ない。また、採用に至らないのは、技能・技術、経験が不足しているからだという。本人の働く覚悟ができていないことやこれまでのアルバイト経験がマイナスに働くといった認識もあった。

また、むしろアルバイトをはじめとする非正社員の働き方に利点があるからというものも多かった。その利点としては、第一に、アルバイトや非正社員なら就業できる機会が豊富で就業しやすいことがある。アルバイトは友人・知人からの誘いが多く、心理的ハードルも低い。さらに、最近では若者支援施策としての有期限雇用の機会もある。ただし、これも誘われる形で入っており、支援機関側からの積極的働きかけが重要な契機になっている。第二に、テーマパークの仕事やファッション販売など、やりたい仕事がアルバイトの形態であったり、アルバイトからの正社員登用が多いことが挙げられる。第三には、アルバイトでの仕事自体が楽しいとか収入がいいというものである。楽しいのは、同世代が多く楽しい職場だったり、マスコミ関連で好奇心が満たされたり、好きなものを扱ったりすることによる。収入は、正社員になったときの長時間労働に比べれば割に合うという感覚であった。

さらに、アルバイトなどの非正社員を選ぶのは、将来のキャリアに向けての一時期の選択である場合や、現在の他の活動との兼ね合いで時間的に融通が利くことを重視しての選択である場合もあった。

自分の納得できる仕事としての正社員を意識し、そのハードルを自ら高く設定していることから、正社員への準備として職業能力獲得に時間をかけ、あるいは、何らかの失敗で傷ついた就業への自信を回復させるために一時期無業やアルバイトを選択しているケースがあった。また、一定の社会関係としての就業に入ることを躊躇する意識が感じられるケースもあり、こうしたケースでは、何らかの後押しの必要性が感じられる。

6　移行過程での多様な障壁

この章では、学校から職業への移行過程のどの段階でどのような障壁があり、正社員での就業から離れていくのかを検討してきた。

最初の段階は、高校へ進学しない、または、中途退学する段階である。この段階で学校から離れることは、すなわち正社員就業の経路から離れることにつながる。

中途退学

①学業に価値をおかず、学校生活を支える価値は友人関係であり、行動を規制する学校を抑圧装置と感じるタイプがある。彼らは、学業不振と学校への反発から学校から離れていく。友人関係は学校外にもつながっている。

②友人関係の形成が進まず学校に不適応を起こしたタイプ。

③勉強に集中し高い業績をあげたものの先の目標につながらず挫折したタイプである。

離学後は、①では金を稼ぐ目的ですぐ就業する。友人からの誘いで就業口を見つけることも多い。ただし、就労上の規律遵守や基本的生活習慣の確立に問題があったり、友人との遊びが生活の中心であることから、長続きしないことが多い。②、③は、すぐには就業に至らない。①と異なり、音楽をめざしたり、農業をめざしたり、自分を表現するものとしての仕事を探す。経験も職業能力もない自分を意識して、とまどうケースもある。

高等教育での中途退学も、正社員就業への経路からの離脱につながる。中退理由には、以下があった。

①大学進学以前の進路選択に問題があり関心も適性もない学科に進学した。

②職業希望を持って大学・学科選択をしたが、学校のレベルや周囲の学生の行動に納得できなかった。

③学校の厳しい生活指導への反発、逆に、何の枠付けもない生活に孤立・孤独に陥った。

中途退学後は、短期のアルバイトを中心にするものが多い。背景には経験を広げ次の進路を探そうとする意識があると思われる。また、何らかの学校機関を使って、職業能力を身につけ再スタートを切りたいという気持ちを持つものが多い。

卒業はしても就職活動はしていないケースは高卒者に多かった。こうしたケースには、

①単位や出席日数が不足して卒業の見込みが立たないために、就職プログラムにのれないケース

②何をしたらいいのかわからないから就職も進学もしないケース

③学校外で、就きたい仕事のためにアルバイトに応募する

などのタイプがあった。このほか、進学や公務員受験を再受験するために浪人をするが、途中で進路変更をし、その結果アルバイト就業になったケースもある。

就業できない　次の段階は学校卒業段階で、正社員になるための就職活動をしても、内定をもらえず就職できないというケースである。

①学校にくる求人が少ないことが背景にある。特に、東北地方のケースでは求人が極端に少なく、情報処理科で関連資格を取り、学業成績はむしろ優秀なケースでも内定がもらえないまま卒業している。地域の労働市場状況が大きくかかわる。
②都市部では定時制の学校卒業者で厳しく、また学業成績や出欠状況の悪いケースで就職できない。
③進学希望があって就職活動が遅れたケースでは、応募先がなくハローワークに行っても不調だった。

高等教育卒業時点でも同様に就職できなかったケースがある。短大・専門学校卒では、
①卒業制作など、二年次の専門教育と就職活動を両立させることが難しく、就職活動が不活発だったケースがある。こうしたケースでは学校での専門を生かした専門職への希望が強いので、卒業後も方向性のあるアルバイトをし、専門職への求職活動を続けている。
②専門職に直結しない課程や本人が特に専門職での就職を望んでいないケースでは、（事務職求職となり）就職できないことが珍しくない状況になっている。学校の友人、仲間集団の行動が本人の行動に大きく影響を与えている。

四年制大学卒業者では、自由応募の慣行のなかで、業種・職種の絞り込みをどう行なうのかが難しい課題になっていた。
①一斉一括採用のタイミングにのる「就職」の重要性を意識しており、それだけに、就職と自分の生き方とどう折り合いをつけていくのかを正面から悩んでいるケースが多い。その時点での自己認識・考え方にしたがって業種・職種の絞り込みを行なっているのだが、体験不足のため、現実

的な労働市場とのすりあわせが難しい者もいる。

②大学入学時点で浪人し、在学中に留年し、と複数年の遅れを感じているケースで、公務員や資格職業への志向が強く見られた。移行のいずれかのタイミングでのり遅れることが、（民間企業における）一斉一括採用、入社年次による人事管理において不利になると感じ、こうした志向につながる面も考えられる。

早期離職

次の段階は、学卒時点で就職しても早期に離職する行動をとったときである。高卒者で早期離職したケースについては次のようなものがあった。

①本人の側に就業のための準備ができていないケース
②仕事内容が合わないケース
③勤務地の変更に従いたくないため辞めたケース
④職場側の問題も大きいケース（職場の暴力や、長時間・高密度の労働、大卒との格差、業界への幻滅など）。

高等教育卒業者で早期離職したケースについては、積極的に就職活動をして、入社したものの、仕事がこなせないため、さらに職場からむしろ退職勧告を受けて、離職するケースが目立った。この背景には、高等教育卒業者をあまり採用してこなかった職場で、かつ、ギリギリの人数で運営しているような職場において、早くから大きな責任が与えられたり、過剰な期待が寄せられる等の事情があると考えられる。若手社員の労働密度が高まっているという指摘もあるが、こうした職場要因から離職する若年者も少なくないだろう。問題は早期離職そのものではない。彼らがインタビュー対象となっている。

たのは、離職後再就職していないからである。彼らの多くは正社員として就業しつづける自信を失っている。

最後に、離学、離職した後に正社員として就業しないままでいるという段階がある。すでにのべたことと重なるが、正社員就業しない理由は、以下のようなものである。

非正社員

①正社員の雇用機会が限定されており、そもそも就業機会が乏しい、あったとしても、なかなか採用されない。地方の高校を卒業したばかりの者に対しての求人は特に少ない。

②アルバイトをはじめとする非正社員の働き方に利点がある。その利点としては、第一に、アルバイトや非正社員なら就業できる機会が豊富で就業しやすいことがある。アルバイトは友人・知人からの誘いが多く、心理的ハードルが低い。第二に、テーマパークの仕事やファッション販売など、やりたい仕事がアルバイトの形態であったり、アルバイトからの正社員登用が多い。第三には、アルバイトでの仕事自体が楽しい、または収入がいい。楽しいのは、同世代が多く楽しい職場だったり、マスコミ関連で好奇心が満たされたり、好きなものを扱ったりすることによる。収入は、正社員になったときの長時間労働に比べれば割に合うという感覚であった。

③キャリア形成の一ステージとして選んでいる。将来のキャリアに向けての一時期の選択である場合や、現在の他の活動との兼ね合いで時間的に融通が利くことを重視しての選択である場合である。

④正社員への準備期間。自分の納得できる仕事としての正社員を意識し、そのハードルを自ら高く設定していることから、正社員への準備として職業能力獲得に時間をかけ、あるいは、何らかの

失敗で傷ついた就業への自信を回復させるために一時期無業やアルバイトを選択しているケースである。一定の社会関係としての就業に入ることを躊躇する意識が感じられるケースもあり、こうしたケースでは、何らかの後押しが有効だろう。

必要な対応策

以上の分析から、政策的には次のような対応が必要ではないかと考えられる。

①本調査は少ないサンプルでの聞き取り調査であるが、各学校段階での離学および離職の背景要因はそれぞれ異なっていた。全容を把握するに足るサンプル構成での実証分析を行ない、それぞれの移行の隘路を明らかにし、それぞれへの対応策を講ずる必要がある。

②中等教育段階での中退および卒業者のうち学業不振、基本的就業準備不足のある者を対象にした就業準備教育が必要である。具体的には、産業界との連携によって就業現場での体験的教育や職業訓練を学校段階から取り入れることである。就業への意欲を喚起する効果と、むしろそこから学校教育の意味を理解させる効果も期待できる。また、学校や友人関係への不適応から中途退学や進学を放棄する者への対応に、職業的観点からの情報提供や相談のサポートが必要である。どちらのタイプにしても、学校におけるこれまでの就職斡旋プロセスには乗ることができないので、学校外の組織を通じての就業支援を行なう必要がある。

③高等教育での中途退学者については、高校での進学指導のあり方を見直す必要があるが、同時に、高等教育入学後の個別のキャリア相談等の充実が必要である。これをとおして、学習意欲の喚起をはかるとともに、転科・転部、場合によっては転学を含めて進路変更をサポートする必要がある。中退および学卒未就職となってしまう前の対応が重要で、高等教育機関入学後早期に、個別

の相談や生活指導さらに専門教育の中でも、本人の職業的方向付けの探索を喚起することが重要であろう。

④離学後、一定期間、試行的就業や幅広い経験をへて職業的方向づけの明らかになる者がいることを前提にした、就業サポートや採用のあり方が望まれる。卒業見込みの学生・生徒に対しては、未経験であることを前提とした「就職」機会がある一方、いったん学校を卒業したり中退したりして離れると、正社員としての就業機会は、就業経験があることを前提とした中途採用の口になってしまうのが現状である。未経験だが学生・生徒ではない若者たちにとっては、正社員への入口は小さく、なりやすい非正社員では将来への展望が開けない。こうした若者たちがすでに多くいることを前提に、新卒採用と非正社員の処遇のありかたを検討する必要がある。

第二章　支援機関としての学校

堀　有喜衣

1　はじめに

本章の目的は、かつて移行支援の主たる担い手であった学校の支援が現在どのような状況にあるのか、若者の移行の初期における学校の役割に着目して検討することである。

これまで日本においては、新規学卒一括採用という慣行が、若者が教育から職業へ移行するための支援として機能してきた。特に高校生の就職の場合、就職斡旋を担う高校の進路指導は、生徒の就職において中心的な役割を担ってきた。諸外国においては、高等教育に進学しない若者が卒業後すぐに安定した仕事につくことは難しい。しかし学校が就業支援するという日本のしくみは、高卒者を円滑に職業に移行させるシステムとして、国際的に高い評価を受けてきたのである。

また高等教育においても、一部の私立大学や専門学校が積極的に求人開拓をしたり、理系の分野においては研究室のネットワークを通じた就職が行なわれるなど、高校ほど組織的ではないものの、学校による様々な支援が行なわれてきた。もちろん高等教育への進学も、就職を有利にするための選択としての側面を持っている。

日本においては、一度学校を離れた後に再び学校に戻り、また仕事に戻るというキャリアのあり方はまだ難しい。したがって若者の移行のスタート時点での学校の支援は、諸外国以上に重要な課題である。本章では、よりよい移行の出発点をつくるために学校はどのように支援ができるのか、考えていくことにする。

2 高校卒業者・高校中退者にとっての学校

これまで日本の高校は、諸外国に比べて、生徒を職業にスムーズに移行させることに成功していると言われてきた。成功の要因は、生徒の就職支援に高校が深くかかわる点にあった。企業が特定の高校に対して継続的に求人を送り（指定校制）、高校は生徒の希望に基づき、成績と欠席日数を基準に生徒を校内選考して企業の採用に送り出す。企業は校内選考された生徒を基本的に採用する。こうした学校と企業の信頼関係に基づいた継続的な関係は「実績関係」と呼ばれる。この「実績関係」は、生徒を学校から企業へスムーズに送り出す仕組みとして高い評価を受けてきたのである。

しかし近年、こうした仕組みで高校から職業へ生徒を送り出す高校は限られるようになった。企業が高卒求人を減らして厳選採用を行なうようになったため、「実績関係」に基づく就職支援を維持できなくなった高校が増加した（日本労働研究機構1998）。他方で進学者が増加し、高卒就職者は減少した。高校の生活指導や進路指導の方針も大きく変化し、校内選考をほとんど実施しない高校も珍しくなくなった。こうした大きな流れのなかで、高校の就職支援は大きく変わりつつある。

はじめに本章で扱う事例を概観してみよう。表2−1は、学歴および地域ごとに、学校を離れたときの状況と学校の支援について示したものである。

高卒ケースに着目すると、関西地区の場合には、就職希望が明確で学校の支援を利用した若者は、正社員として就職できている者が多い。首都圏では明確な就職失敗者は今回のケースには見られない。対照的なのが東北地区である。女性のほとんどが高校の支援を利用しながら就職試験の受験にすら至らない場合が多く、就職に失敗している。本調査は事例研究であるが、地域ごとの高校の移行支援の傾向を読みとることができるだろう。

若者に対する学校の支援は、在学中に高校の支援を受ける場合と、卒業後（中退後）に高校の支援を受ける場合が考えられる。これらに焦点を当てると、次のような四つの類型が理念的に設定できる。〈在学中のみ支援あり〉〈在学中＋卒業後（中退後）支援あり〉〈卒業後（中退後）のみ支援あり〉〈在学中＋卒業後（中退後）共に支援なし〉である。しかし〈卒業後（中退後）のみ支援あり〉というケースは、高等教育に進学しない層には見られない。すなわち高等教育非進学者の場合、在学中に支援の対象になっていなければ、卒業後（中退後）に学校が支援の機会を得ることが難しいのである。

表2-1　学校の支援の状況

学歴	地域	ID	年齢(歳)	性別	学校を離れた時の状況	学校の支援の状況
中卒	関西	事例1	24	男	正社員	中卒時に就職斡旋・その後専門学校入学で視野が広がる
中卒	首都圏	事例2	22	男	学生	中学時の先生の紹介でフリースクール
高卒	関西	事例15	18	女	アルバイト	卒業見込みが立たないため支援の対象外
高卒	関西	事例18	20	女	アルバイト	進路指導反発
高卒	関西	事例22	19	女	アルバイト	在学中進学希望だがアルバイトに変更・卒業後も相談
高卒	関西	事例28	19	女	アルバイト	高校の支援を利用しようとしたが、内定できず
高卒	関西	事例20	18	女	学校紹介のアルバイト	進学を目指す
高卒	関西	事例23	21	男	学校紹介のアルバイト	公務員試験目指す
高卒	関西	事例37	19	男	正社員	高校の支援により就職・卒業後も高校から支援の申し出
高卒	関西	事例39	19	女	正社員	在学中高校の支援により就職
高卒	関西	事例40	19	男	正社員	在学中高校の支援により就職・卒業後も相談
高卒	関西	事例41	22	男	正社員	在学中高校の支援により就職・卒業後も相談
高卒	関西	事例45	24	男	正社員	在学中高校の支援により就職
高卒	関西	事例46	19	女	正社員	在学中高校の支援により就職
高卒	関西	事例38	18	女	無業	在学中高校でハローワークに連れて行ってもらい卒業間もなく就職が決まる
高卒	首都圏	事例16	24	女	アルバイト	進路指導忌避
高卒	首都圏	事例21	31	男	アルバイト	進学希望失敗・高校支援なし
高卒	首都圏	事例42	24	男	正社員	なし（親の紹介で就職）
高卒	東北	事例19	18	女	アルバイト	なし
高卒	東北	事例25	18	女	アルバイト	高校の支援を利用しようとしたが、内定できず
高卒	東北	事例27	18	女	アルバイト	高校の支援を利用しようとしたが、内定できず
高卒	東北	事例26	20	女	インターンシップ	高校の支援を利用しようとしたが、求人が少なく受験に至らず
高卒	東北	事例14	19	男	無業	卒業見込みが立たないため支援の対象外
高卒	東北	事例24	19	女	無業	高校の支援を利用しようとしたが、求人が少なく受験に至らず
高卒	東北	事例43	20	男	正社員	在学中高校の支援により就職

定時制高卒	関西	事例17	19	男	アルバイト	進路指導忌避
定時制高中退	首都圏	事例5	20	男	学生	なし（音楽専門学校へ入り直す）
中退後定時制高卒	首都圏	事例7	24	男	学生	在学高校の教員から別の高校への紹介をうける
定時制高中退	関西	事例6	20	女	無業	中退するときは特に止められなかった
高校中退	関西	事例3	17	男	アルバイト	中退するならアルバイトするようにと親に言い渡される
高校中退	関西	事例4	20	女	無業	なし
専門卒	首都圏	事例30	24	女	無業	ほとんどなし
専門卒	首都圏	事例50	25	男	正社員	成績が悪いので専門学校に支援を断られる
専門卒	関西	事例51	22	男	正社員	専門学校の支援を利用
短大卒	関西	事例29	24	女	無業	なし
短大卒	首都圏	事例31	24	女	無業	なし
大卒	首都圏	事例32	28	男	無業	なし
大卒	首都圏	事例33	27	男	無業	なし
大卒	首都圏	事例34	24	女	アルバイト	友達が就職部に連れて行ってくれたことがある
大卒	首都圏	事例35	25	男	無業	なし
大卒	首都圏	事例36	25	男	アルバイト	就職部を利用したが、就職できず
大卒	首都圏	事例44	27	女	アルバイト	卒業後ボランティア希望
大卒	首都圏	事例47	26	男	正社員	在学中は大学の支援はなし・卒業後あり
大卒	首都圏	事例48	24	男	正社員	就職部を利用
大卒	首都圏	事例49	26	男	正社員	なし
専門中退	関西	事例12	20	女	無業	なし
短大中退	首都圏	事例9	22	男	無業	なし
大学中退	首都圏	事例8	24	男	無業	大学からはなし・入り直した専門学校の講師のもとでアルバイト
大学中退	首都圏	事例10	28	女	無業	なし
大学中退	首都圏	事例11	32	男	無業	なし
大学中退	首都圏	事例13	28	男	無業	なし

2・1　高校在学中に学校から支援を受ける

関西地区においては、明確な就職希望を持ち、高校の支援を受けた者はおおむね卒業時点で就職できている。就職先が見つけられない若者に対しては、教員が学校からハローワークへ連れて行くことによって、若者を学校以外の支援機関と結びつける支援が行なわれている。また若者は学校に通って技術を学ぶよりも、働きながら学びたいという意向が強く、働く意欲は高い。これは後述するように、高学歴者が実際に働くよりも、資格をとったり、学校に入ることを重視するのと対照的である。

決まらないならハローワークへ

事例28は、就職活動をしたが就職できず、在学中からのアルバイトを続けている。

中学の時は部活のテニスに燃えており、テニスが強い私立高校に進学しようと思っていたが、運良く公立高校に受かった。学費を考え公立高校に進学したものの、高校はテニスが盛んではなく、がっかりしてすぐにアルバイトに打ち込むようになった。一時は二つのアルバイトを同時並行でこなしていたときもあった。

高校卒業時には、料理が好きだったため、はじめは専門学校を希望した。しかし両親に、学校に行くよりも見習いで就職し、調理師免許をとったほうがいいと言われ、就職活動をしたが内定をとることはできなかった。高校は、就職が決まらなかった生徒にハローワークの使い方を教えている。

〔**事例28**〕（一九歳・高卒・女性）

三年は遅刻魔でしたね。よく昼休みに学校来て、先生とかに、「おまえら、またか」とか言われていましたね。友達と遅刻していたんですよ、一緒に。（*バイトのことに関して心配していることは？*）、別になかったです。バイトしていても、逆によかったん違うみたいなのはありますけどね。

お客さんとか、年上の人とかと接することによって、言葉づかいとか、あるじゃないですか、あいさつとか、礼儀とかやっぱりちゃんとしないといかんじゃないですか。そういうのが身についていいん違うという感じでしたね、お母さんとお父さん、両方。学校から、就職できなかった組といったらおかしいですけど、できなかった子らで、まとまって、（ハローワークに）先生たちが連れていってくれたという感じ。三年生の終わりらへんとか。

ハローワークへの紹介

事例39は学校を通じた就職は決まらなかったが、在学中に学校でハローワークに連れて行ってもらったことをきっかけにハローワークに通いはじめ、ハローワークを通じて卒業後まもなく就職した。彼女は高三になっても高校卒業後の進路については考えていなかったが、先生との面談で考えるよう促された。専門学校も体験入学してみたが、遠かったので夏ごろにやはり就職しようかと考えた。「やばいかな」と思ったが、別にあせりはせず、学校の外で探せばいいかと思っていた。全般的に学校を通じた就職は難しかったという。在学中に学校の指導でハローワークに通いはじめ、卒業後就職先を得ることができたが、体調を崩し四日で辞めてしまった。その後はアルバイトをしており、正社員に対するこだわりはない。

〔事例39〕（一九歳・高卒・女性）

学校からの就職あったんですけど、うん、あのーなんか、受け、すごい難しいっていうか、うーんあんまり探してもなんか行けそうなところがなくて。（*周りの子は学校の就職で？*）うーん、決まってないです。うーん、受けてチャレンジしてるけどやっぱり落ちて、落ちたーって。何で落ちたのかわからないけど、うーんわかれへん。（*学校以外は？*）とりあえず、こう、きゅう、求人票のなんかチラシ、外であるやつ、お母さんが持ってきて、見たりとか、あと、ハローワークに行ったり、してました。（ハローワークは最初どうやって行った？）あ、ハローワークも、あの学校から、最終的に、なんかみんなで、就職の子が行くっていうのがあって、そこに行って、ふんで、見つからなかったらまた後で自分らで探してみーみたいな。在学中です。卒業近く、です。

働きながら学びたい　事例46は、高校の進路選択時に、高校を出て美容室に就職し、働きながら美容師になるための職業訓練校に通うというルートを選んだ。このルートを選んだ背景には、学校よりも実地で覚えたほうがいいという知り合いの美容師のアドバイスがあった。しかし学校を通じて就職した美容室に幻滅して美容室をやめ、職業訓練校に専念している。将来は美容師になるかどうか決めかねている。

〔事例46〕（一九歳・高卒・女性）

（高校出て、専門学校に行くんじゃなくて就職しようって決めたのはいつ？）高三くらいかな。（美容の専門学校の見学に行ったりはしました？）行きました。高二かな。就職したらお給料もらえるじゃないですか。それで学校行くより、お給料もらいながら働けば、家にお金も入れれるし、仕事も早く覚えるじゃないですか。知り合いの人が学校に行ってて、学校行ってるだけじゃあんまり意味ないって言われて、働きながらのほうが絶対いいからって言われて、それやったら就職しようかなって。普通の学校は試験に受かるためだけにしか勉強せーへんから、サロン（現場）に出た時に何もできない人が多いんですよ。だから働いたほうがいいって言われて。

業したら就職しようと漠然と思っていた。先生から「今年は一番少ない」って言われてて「進学のことも考えとけ」って言われてて。（九月に）受けようと思って夏季見学とかも行ったんですけど仕事がはっきり男性ていうわけではないんですけど、仕事がきたらそっちのほうみたいな内容が。履歴書とかも書いてたんですけど途中でやめて。

（六月の段階でだいたいみんな受けるところが決まってて、その後「ここ受けたいです」っていうのも、いいづらい感じだったんだ）かぶってしまうから。基本的には一社に一人で行っても二、三人。求人が来たのを、貼り出されて自分がいいなと思うのを詳しく調べて先生に言う。先生からは何個か紹介されたんですけど。

事務じゃないっていうのもあって。そんなに強く「事務じゃなきゃダメ」っていうわけではなかったんだけど、なんか「違う」っていうか「無理かなー」みたいな。やっぱり九月に受けた会社が思ったところと違うということでなんか、こう、やる気がなくなったというか。それがダメで（先生が）すぐに探してくれたんです。

〔事例25〕（一八歳・高卒・女性）

第一志望ではなかったんですけど。他の商業関係の高校（公立の商業関係を志望していた）、で今の学校、で、学校生活楽しかったし、まあいいかなと。情報処理技能検定・ワープロ検定・簿記とか（資格を六つ持っている）。

（就職が決まらず現在アルバイトだけど）いや、最初は就職、やっぱり探してたんですけど。二〇歳からってわかってたんで。（それはハローワークかなんか行ったのかしら？）はい。いや、親（に連れてってもらった）。（二〇歳からの求人しかなかった時ビックリした？）はい。

〔事例27〕（一八歳・高卒・女性）
最初は私、食物関係のほうに行きたかったんですけど、でもなんか、就職のこととか考えたら情報処理とかやってたほうがいいのかなと思って、そして、最終的に○○に。自分の家からも自転車で通えて、商業科もあるってことでここ選んだ。なんか、学校に求人が来るじゃないですか。それで、ケーキ屋さんとかあったんですけど、倍率がすごく高くて、推薦とかも通れなくて、で、結局受けたところがホテル関係だったんです、全部。でもやっぱ、ホテル関係より飲食関係をやりたくて。だから結局、バイトもこうやって飲食関係を見つけたんです。

2・2　高校卒業後も学校の支援を受ける

在学中から引き続き卒業後も支援が継続している若者は、進路について明確な希望を示し、学校の支援を利用しようとしているため、学校側にとって支援がしやすいタイプの若者たちである。彼らはジグザグな移行をたどりながらも、学校の支援に頼りつつ活動している。

先生を頼りにする　卒業時にはスムーズに移行したが、友達から離れたくないために、就業から離れていく若者も存在する。事例40は、「勉強よりも手に職」と考え、高校は適当に選んだが、両親が厳しかったためまじめに行っていた。高校二年生のときに父が倒れて注意する人がいなくなり、「なんか行くのがしんどかった」ため、遅刻が多くなる。卒業時に希望であった調理師の仕事に学校を通じて就くが、地元から離れて住み込むように言われ、友達と離れたくなくて離職した。離職の際は先生にいろいろ相談したという。また離職後、調理師についての情報についても先生を通じて入手しており、離職後も学校が支援機関として機能していることがうかがえる。

〔事例40〕（一九歳・高卒・男性）

今からでも調理師の免許を取りたいなと思ってるんですよ。だから今、どうしたら取れるかなと結構今、聞いたりしてるんですよ。専門学校行くのもいいんやけどお金がかかるじゃないですか。で、ちゃんとした、ちゃんとしたというか、そういう魚さばいたりとかやってたら、何年かやっとったら上からのもらえるみたいなんですよ。試験を受けるための。それでくれたらもうそれでがんばらなあかんし。今迷ってる。（その情報はだれから聞かはるの？）学校の先生です。進路の先生とか、バイト先の上の人とか。（卒業してからも、たまに会ったり？）何回かある。聞きたかったことが。（ご自身で学校に行ったんですか？）はい。相談のためですね。仕事を前のとき、やめるというときも一回聞いたんですよ。こうこう、こういう理由でやめようと思ってるんやけどみたいな。一回聞いたことがあるんです。親に言われへん部分もあるじゃないですか。親には言われへんけど、違う人だったら言えるみたいな、それでちょっと楽になりました。（結構、頼りになる存在ではある？）そうですね。結構。

先生から促される　事例41は、やる気のない就職組だったが、先生から直接電話がかかってきて就職を促された。就職後しばらくしてから、やりたいことをしているフリーターの友達に会い、これでいいかと悩みだした。ちょうど転勤を打診されたのをきっかけに、事例40と同じように、友達と離れるのがいやで辞めてしまう。

学校の支援という点で言えば、もっと早くから若者に強く働きかけるということもできたかもしれないが、やる気のない就職希望者である生徒に対して、高校の教員側から電話をかけるという積極的なアプローチは注目されてよいだろう。離職の時も、先生に報告しに来ている。

〔事例41〕（二二歳・高卒・男性）

就職組やったんですけど、夏休みの登校日いうのが最終決定か何かだったんですけど、その日忘れてて昼過ぎまで寝てたんです。○○先生に電話されて、せんのか、就職せんのかって。したいって答えたんです。すぐ呼んでもらって。僕、就職するときは家を出ていけと言われていたんです。寮のあるようなところに行って、出ていきなさいと言われていたんで、先生に寮があるところを探してますみたいなことを言ってて、寮あるところで一番のページで、上から、あっ、寮と、一番最初に入っていたこれという形で決めちゃったんです。求人票とかそのとき見たことなくて、学校の授業とかで配ってた気がしたんですけど、あんまりちゃんと興味持って見なかったんで、後でわかったときはもう見方もわからない状態やったんですけど、寮って書いてて、会社の名前書いてて、市内で寮で調理見習いという一本の文章でこれって決めちゃったんで、それはそれで寮で入って、一年半ぐらいやってたんですけど。

（卒業して以降、仕事の相談とかで学校とか行ったことある？）調理師やめたときに一回来たっけな。○○先生にやめたって（報告にしに来た）。

卒業後も先生に相談

高校卒業後に、学校に支援を求めて高校に足を運ぶ若者もいる。事例22は、中学生の時から看護師になりたいと考えていたが、中学卒業時には成績が足りなかった。そのためまず普通高校に進学して、卒業後に看護学校に行くことを考え進学した。高校卒業時も希望は継続していたが、あまり熱心に勉強したわけではなかったため看護学校の試験には失敗した。そこで卒業後すぐに准看護師のための学校の試験を受けることにしていたが、高校時代から続けていたアルバイトとしての責任が増したこと、またこれまで手にしたことのない高額のアルバイト料を手にしたため、学校に行くよりもこのままアルバイトでお金を稼いでいくことを決めた。卒業後一年ちょっと働いたが、怪我をしたことや結婚の話が持ち上がったため（その後延期）辞め、現在は家事手伝いをしている。また准看護師のための学校の試験を受けるようかと考え、相談するために高校を訪れている。

〔事例22〕（一九歳・高卒・女性）

今、ま、まったく何もやってない状態で、准看、もっかい狙ってみようかな、ていうんで、午前中も午後も一日家にいてる状態やから。もう一回受けようと思うんですよ、て話しに来たんですよ、先生に。卒業して。進路の先生。で、その時、ドリル、めっちゃもらったんです。これほんなら勉強し、この一年間で。んで、もらったドリルちょっとずつ、ちょっとずつ、朝とか昼とかやって。

入社放棄の生徒にも支援　事例37は、内定していたが入社しなかった。彼は中学時代あまり学校に行っていなかった。中三になって高校に行きたいと思い、少しずつ学校に行きはじめ、先生の勧めで高校を選択する。高校は中学校に比べて雰囲気が自由で、友達も様々な地域からやって来ていたため、おもしろかったと語る。高校生活はアルバイトが中心だった。

高校卒業後の進路を考える時期になり、高校を通じた就職活動をして内定を得たが、入社式の日取りもわからずそのまま放棄してしまった。現在彼は高校時代から参加していた祭りの活動を中心に、アルバイトをしながらバンドでの成功を夢見て暮らしている。このあたりの詳しい状況は不明だが、入社を放棄した後も、高校は移行支援のためのアプローチを続けている。

〔事例37〕（一九歳・高卒・男性）

（*典型的な高校生活の一日は？*）学校来て寝てって感じですかね。学校で寝て。バイト行って、晩から朝まで、ベース触ってて、いう感じですかね。もう全然仕事は、一度しかけたんですけどやっぱ、まだいいかなと。（*就職活動は？*）しました。職種っていうのが、ほんまに全然なかったんで、仕事選ぶということもできないぐらいでしたね。「どれがいい」というのがないんで。いや、受かってたんですけどね。入社式の日取りとかの情報がなくて、「あったんや」と思うんですけど、学校が忘れたのか、僕が忘れたのかわからないですけど。もう、そのまま。（*その会社を見つけたのは？*）学校の案内見て。「もう、ここでええわ」近くて、土・日休みでという感じ、ほんまに楽なとこという理由で選びましたけど。（*給料なんかは？*）、まあ、普通のところ。（*入社式、行かへんかったら？*）一回電話かかって来ましたね、学校から。「そんなん、こっち知らんもん」いうくらいですわ。（*進路の先生に*）「謝りに行こうか」とか言われたんですけど、そんな、「謝って入るぐらいやったら、もう辞めとくわ」って、会社辞めました。「また、一緒に職安行こうか」とか誘ってくれましたけど、さすがに「そんなん自分でする」って。

学校のアルバイト紹介

事例23は公務員試験に失敗したが、高校からアルバイト紹介というかたちで支援を受けた。彼は成績はよかったが、家計の制約のため大学進学を断念し、教員の勧めで公務員試験を受験したが不合格となった。もう一年公務員浪人をしようと思っていたところ、先生から声がかかり、卒業した高校の実験補助のアルバイトをしながら勉強をすることができた。学校のアルバイトは勉強と両立しやすいものだったという。けれども残念ながら二度目も公務員試験は不合格だった。まだ学校のアルバイトの契約期間は残っていたが、公務員よりも服飾関係の仕事に興味が出てきたため辞めて、アルバイトから服飾の仕事をスタートさせた。現在好きなブランドの正社員をめざしているところである。

〔事例23〕（二一歳・高卒・男性）

まったく知らなかったんですけどね、担任の先生がおったんですけどね、○○先生という先生がいて、その先生から電話かかってきまして、「おまえ、学校で働く気ないか」とか言われて。「え？何がですか」みたいな感じやったんですけど、「おまえ、公務員めざしてるんやろ」みたいなこと言われて。「学校で働きながら勉強しいや」「じゃ、お願いします」って言っちゃいました。

公的なアルバイト雇用　事例26は就職に失敗し、公的なアルバイトを利用した。彼女は高校を選ぶ際、就職に強い高校を選んだ。高校進学後は成績もよく、まじめな学校生活を送り、就職活動をはじめる。先生に積極的に相談し、求人票だけではわからないような情報も得るなど努力をしているが、思うような求人がなく、就職試験の受験には至らなかった。

高校卒業前に就職を決めることはできなかったが、県のインターンシップに合格し、アルバイトではあるが事務の仕事に就いた。その契約期間がきれたあと、高校の教員の口添えでインターンシップ先の職場に次の事務のアルバイトを紹介してもらうことができた。現在はアルバイトだが、正社員を希望している。

〔事例26〕（二〇歳・高卒・女性）

求人票とか見て「ここ受けたいですけど」っていうと、（先生が）こう何かこっちのほうがいいっていうか、ここはどういうとこかとか、条件とかいろいろ聞かされて、多分、女は採らないとこだとか。そういうのがあって。一つも受けてないです。はい。それで二月か三月あたりに、あの先生からインターンシップの話聞かされて「じゃ受けてみようか」と思い受けて、去年の四月から一年間いたんですけど。

（先生が勧めてくれたところは）お菓子の製造とか薬屋さんとか。それは○○市内だったんですよ、その薬屋さんというのが。通勤のことを考えるとちょっと無理かなっと思って。駐車場もなかったところなんで自分でとるか、それか電車とかバスとか使って行かなければダメだという所で。で、それを考えると給料からやっぱ毎月五千円・六千円引かれていくことを考えると。△△市内のはほとんどなかったですね。△△市自体があんまり企業がないので。

2・3　学校からの支援は受けない

前項とは対照的に、学校が行なう支援の外にいる若者がいる。進路指導に反発するタイプと、進路指導外に置かれるタイプ、進路指導を忌避するタイプである。

進路指導に反発　学校を通じて就職するためにはまじめな学校生活を送っている必要があるが、進路指導反発タイプは、学校の決まりには従いたくない生徒である。事例18は、友達が行く公立高校に行きたかったが成績面で厳しく、私立高校に進学した。先生とうまくいかずやめたかったが、高いお金を出して行っているからと何とか通った。

しかし進路決定の段階になって、学校の就職推薦の基準に従って外見を変えるような行動はできないという気持ちと、希望する求人が学校には来ないという理由から、学校を通じた就職を拒否している。もし希望する求人が学校に来たとしても、学校推薦にかなうような外見にしたくなければ、学校を通じた就職は難しいと考えられる。

彼女は卒業後、洋服の販売のアルバイトに就き、楽しかったと語っているが、あこがれていた洋服店からアルバイトに来ないかと言われたため、そちらにアルバイトを変えた。しかし実際に働きはじめてみると、好きな洋服を着てお店に出られないきまりだったため、不満に思いすぐにやめてしまい、そのあとアルバイトを転々としている。

〔事例18〕（二〇歳・高卒・女性）
進路を決めるときに、服屋の店員になりたくて、「学校からの就職はせえへん」と、親にも先生にも卒業の大分前から言っていて、それで何もせえへんかったし、お父さんもそのときは別に。めっちゃあほやったから就職もできへんのちゃうかという感じやったし、就職前とかになったら化粧とか服装とかも学校でめっちゃ言われるじゃないですか。だから、そんなのもうざかったし、就職をする気もなかったし、それは親にも言っていたから特に何をしろとは言われなかった。
ショップで働きたかったので。服屋さんで働いている子から、服屋さんの面接は学校には来ないと聞いていたから。（学校があっせんする就職ルートは？）まったく。学校から就職するといったら、めっちゃ面倒くさいような感じもあったし、成績が多少関係あるじゃないですか。あまりにもあほやったし、ほんまに。
化粧とかに途中からめっちゃ厳しくなって、そんなんを言われること自体がいややって、面接の練習みたいなものがあったときも、スカートを下までおろして、ボタンも全部閉めて、化粧を全部取らされたりして、そんなんしてあほちゃうかって。髪の毛はめっちゃ厳しかったから真っ黒やったけれど。そんなのをする前から化粧とかを毎日言われていて、就職を希望している友達のスカートがめっちゃ長くて、そんなのを見ていたら余計に関係ないという感じで。

卒業の見通しが立たない

教員側から見て、フリーターになっていく生徒は、そもそも卒業見込みがたたず、進路指導の対象外となっていることもしばしばであることが指摘されている（耳塚編 2000）。

事例14は、「女の子の制服がかわいく」「電車通学をしたい」という理由で高校を選び、専門学科しか入れなかったということで専門学科を選択した。高校進学後、電車で学校の近くまで来た後に学校に来ないで遊びに行くことが多くなり、出席が足りなくなったため、卒業見込みが立たなくなった。もちろん就職のための学校推薦の基準に達せず、卒業時には学校を通じた就職活動はできなかった。その後父の紹介で契約社員になったが離職した。現在は無職であり、ハローワークなどで仕事の検索はしているが、就職活動には至っていない。

高校としては、卒業見込みの立たない生徒に対して、卒業を前提とした就職を紹介することができないのは当然であろう。しかし学校推薦の基準に達しなければ職業紹介ができないということは、その基準によって進路指導の対象外になる生徒が出現するということでもある。

〔事例14〕（一九歳・高卒・男性）

（○○市から通学していたのは？）、女の子の制服がいいと思って。（△△市の学校に行きたかったのは？）、中学校の時に電車通学に憧れていたので。（学科は）ビジネス科でないと入れないと言われて。

何をやったらいいのかわからない　やりたい仕事を探すフリーターもいる。彼らの特徴は、高校時代もやりたい仕事は決まっておらず、現在も決まっていないという点である。またやりたいことを探すために何かをしているわけでもない。学校からこうした生徒への働きかけは難しい。

事例16は小中学校を通して成績はそこそこで、高校には行こうと思っていた。深く考えることなく高校を選び、高校に入ってからはしょっちゅう遅刻したり、友達と遊びに行ったりしていた。家庭には経済的余裕があったため進学を勧められたが、高校に通うのが「面倒くさかった」ため、大学には通えないだろうと思っていた。

彼女は進路活動を何もしなかった。大都市進路多様校からフリーターになる、最も典型的な例であるといえる。教員も声をかけてはいるが、十分に伝わっていない。就職しようとも思わず、高校卒業時もこれといって進路を考えることもなくそのまま卒業した。高校生の時も決まっていなかったし、現在もすすむ道ややりたいことは定まっていないと語る。正社員になったほうがいいかとも考えるが、行動には至っていない。

〔事例16〕（二四歳・高卒・女性）

その時（高校卒業時に）あまり考えてなくて、進学とかも考えてなくて、そのままなあなあのまま卒業しちゃった。大学とか、高校の時とか結構、面倒くさいのがあったんで。通うのが面倒くさい感があったから、大学にこんなんで通えるのかなって。遠かったというか、行くのがだるいというか。（朝起きて行くのがとか？）そうですね。そんなのがあったら、友達と遊びに行っちゃったりしてたから、大学なんて通えないかって。
（学校の先生は何か言ってました？）、言ってました。どうするの、どうするのって。どうしましょうねって。何ていうか、その時はほんとうに考えてなかった。ゆっくり考えていけばいいかなぐらいに。
（ご両親は？）まぁ、ずっと進学したらって。進学はしておいたほうがいいんじゃないかみたいな感じで。多分、あんまり考えたくなかったというか、何かそういう面もあったような。何か定まんないといけないのかわからないけど、考えてない。周りもそういう子が多かったし。

一度就職してみたが　事例16と同じように、高校時代何をやってよいかわからなかったが、事例42は高校卒業時に親の紹介で就職した。

高校を卒業するとき就職しようと考えたが、何をやってよいかわからず、学校ではなく親に相談した。親が知り合いの会社に職を見つけてくれて入社したが、上司の暴力に耐えかね、五ヵ月で離職した。今は、決められなかった高校の時に戻ってしまったかのようだと語る。周りはみんな自分で見つけているが、自分は一人では見つけることができない。しかし親以外に相談もしていない状況である。学校の支援は在学中も卒業後も利用していない。彼にとっては、学校の支援は自分で「やりたいこと」を見つけなくては行けないため、利用できない支援と映っている。

〔事例42〕（二四歳・高卒・男性）

やっぱり（今）高校の卒業する時点に戻ってしまっているんですよね。やっぱり自分が何やっていいかわからない。もう逆戻りなんですよ、正直。（いろいろ）やってきたものの、結局、戻っちゃったんです、そのときに。まあ、自分が納得ができて、よし、これやろうというのがあれば。今、現時点で、だから、もう、これからずっとやっていこうと思える仕事を見つけるのっていうのも、なかなか、ちょっと自分一人じゃ考えられないし、探すこともちょっと。あんまり考えが自分じゃ浮かばないんで。周り見てると、やっぱり自分で見つけている。学校の進路室っていうのがあって。（進路室）に学校の求人っていうのが。そこから自分が見つけていって。そんな感じでしたね。ただ、やっぱり自分は就職っていっても何やっていいかわからなくて、何の仕事を見つけていいか、探していいかもわからなくて。（先生からのアドバイスとか、相談する、何か、コーナーとか？）特になかったです。僕自身も先生には、特に相談はしなかったですね。

2・4　中退・不登校

欠席が多かったり単位が取れないため留年したり、問題を起こして高校中退していく若者がいる。中退・不登校時の学校による支援は中退時（不登校時）に限られており、中退した若者が学校を頼ったり、学校から働きかけたりすることはあまり見られない。

不登校からフリースクールへ

不登校や中退の場合、学校が行なう支援は就業への支援ではなく、次の学校への進学であることが多い。

事例2は中学時代不登校になったことをきっかけに、家に閉じこもるようになった。中一の夏から中三になって担任の先生が変わるまで、家の中にひきこもっていたという。しかし担任の先生が家に世間話をしに来てくれるようになったことがうれしくて、先生が紹介してくれたフリースクールに通うようになり、活動的な状態になった。

〔事例2〕（二二歳・中卒・男性）
それまで二年間（担任の先生は）同じだったんですけど、中学校三年生になって担任が変わったんです。それで、春ぐらいからちょくちょく家に来て、世間話をしてくれるようになったんです。今考えてみると、それが自分の中でうれしかったんじゃないのかなと。それが、外に出るきっかけみたいになって、当時、一五ぐらいのときにほかからフリースクールのことを紹介されたんです。それで、中三のときの一五歳の夏ぐらいからフリースクールに行くようになりました。
やっぱり担任がどうのっていうより、単に気にしてくれて、月に一度か二度ぐらいですけど家に来て、一緒に世間話をしてくれる。自分の中で、学校に行けないことがすごくコンプレックスというか、自分で自分のことを責めてたんですよ。でも、そういうふうに責めるような感じじゃなくて、ただ世間話をしてくれるというのがうれしかったんだと思うんです。

進学校から単位制高校へ　事例7は進学校に進んだが、入学時に自分の国籍について突然知ったこと、および母の病気が悪化したことが原因で、精神的にノイローゼ気味になってしまった。学校カウンセラーに相談しながら学校生活を続けていたが、成績が悪く進級できなくなり退学した。しかし高校側に精神的な問題に対する理解があり、またたまたま単位制高校の教員が非常勤として来ていたことから、中退後スムーズに単位制高校へ進学することができた。彼は入りなおした高校にはいろいろな人がいることを知り、だんだん精神的に立ち直っていったという。

〔事例7〕（二四歳・高校中退・男性）

自分のことは話ししていたので、精神状態が悪いからって。がんがん言われたわけじゃないし、カウンセリングを受けていたことも知っていたので、そこらへんは先生方は理解してくれたし。九八年2月にやめたんですが、九八年四月に都立の定時制単位制に入りました。ちょうど○○（在籍していた高校）のほうに、△△の専任で、○○にも講師で来ていた先生がいらっしゃったんで、この先生から情報を聞いて。だから、そんなに手続的には（問題なかった）。（高校は）そういうケアはしましたね。

また事例5はもともと不登校で、不登校だった生徒が多く集まる中間定時制の高校に進学したが、上京して音楽の専門学校に入るために高校を辞めた。学校は引き留めもせずあっさりしたものだった。もっともこのケースは新たな道を選び直すための中退だったので、学校としては支援が必要ないケースと見なしたともいえる。

中退時に支援は受けない

高校進学率が九七％に達している現在、高校に行きたかったわけではないが、進学したという生徒は少なくない。こうした生徒にとっては学校は意味のある場所ではないため、中退することにためらいはない。

事例3は、小学校はきちんと行っていたが、中学校二年になってあまり行かなくなった。それは、「だるいから。行ってもすぐ帰ったりとか。学校行くために起きるのは面倒くさい。学校はおもろかったけど、行ったら行ったでおもろいけど、行くまでがだるい」からであった。中学卒業後の進路についても、特に高校に行きたいというわけでもなかったため、料理が好きということで調理師学校への進学を考えた。しかし基本的に進路については口を出さない母が、調理師になりたいなら学校に行っても身につかないので、実際に働いて身につけるようにと言ったため、働くよりは高校に行ってこうかと考え、高校進学に決める。

適当に選んだ高校だったが、行けば楽しく、一年生の時は行っていた。しかし二年生で「だるかった」ので学校に行かなくなり、留年が決定したため中退する。留年したらやめると決めていたと語っている。中退の際には、母が学校をやめるなら働くように言い渡したため、アルバイトをはじめた。はじめは短期のアルバイトだったが、現在は寿司屋で見習いのようなアルバイトをしている。今のところはすし職人になるかどうかは決めていないものの、具体的な職業と将来の見通しについて考えている状態にある。彼は現在のところ、「学校に行くのはだるい」が、仕事にはきちんと行っている。

また学校でのトラブルが契機になっている場合には、中退後への学校の移行支援は見られない。事例4は友人への暴力をきっかけに停学になりそうになったので、「だるくなって」学校をやめているが、やめるときに先生や学校から何か言われたかどうかまったく覚えていないという。中退後友達の家を転々とし、妊娠を契機に家に戻っている。

2・5　高校の支援の特徴

高卒者および高校中退者に対する学校の移行支援について、以下のような特徴が見出せる。

第一に、高校生の就職は現在かなり厳しいが、就職先が得られない生徒に対して、高校は在学中にハローワークの使い方を教えるなどして対応していた。在学中から若者に学校外の支援機関を利用させる試みは、卒業後の支援機関の利用に結びつくため、組織的に検討されてよい。

第二に、生徒が支援を求めにくるのを待つのではなく、教員側から電話をかけるなど積極的に生徒の進路選択に対して働きかけをしている学校があった。また卒業生に対しても積極的に支援を行なっている教員もいた。地元の狭い人間関係に所属する若者にとって、学校は自分の世界から得られない情報をもたらしてくれる存在である。公的機関からは高卒の来所者は少ないことが指摘されているだけに、高校の支援が期待される。

第三に、学校が支援をしにくいタイプには三種類あり、反発するタイプ・支援外のタイプ・支援忌避タイプがいる。支援に反発するタイプは、学校の示すルールに反発し、支援外の生徒は学校の示すルールからはずれている。こうした生徒まで通常の支援の対象に含めていこうとすると、他の生徒がまじめな学校生活を送るインセンティブが低下してしまうという問題があり、支援が難しい。

また支援忌避タイプの場合、生徒はしばしば何も考えていないか、「やりたいこと」を見つけるまでは就職できないと考えているために、進路を決めさせることを目的とした学校の支援を避けている。しかし高校時代に真剣に考えたり決心したりしていない場合、卒業してからやりたいことが発見できる者は少なく、また「やりたいこと」を探すための具体的な行動には結びついていない。

第四に、中退や不登校の場合、別の学校に移って学業を継続する場合に関しては学校の支援が行なわれている。一方就業についての支援は行なわれていない。中退者や不登校の若者に対する就業支援は難しいと考えられるが、学校がハローワークなど学校外機関への紹介の道筋をつけるなどの支援が求められよう。

なおこれらのケースを通じて感じられるのは、何か特別な問題があって移行の危機にある若者は少数であり、誰でも移行の危機に陥る可能性があるということである。特に労働市場環境の厳しい地域では、移行をのりきれない可能性が高まる。東北地区では、成績がよいだけでは就職が難しく、なぜ就職がうまくいかないのかという要因を探すのが難しい生徒でさえ就職できていない。こうした地域では、学校だけの支援では限界がある。

3　高等教育進学者にとっての学校

図2–1によれば、多くの高等教育機関では高校ほど支援をしておらず、若者の側でも学校の支援を利用しようとはしていないという特徴がある。

3・1　短大・専門学校卒業者

短大・専門学校はそれぞれに支援の特徴がある。デザイン、マスコミ系など新規学卒一括採用が主流ではない分野の場合には支援はあまり行なわれていない。支援を行なう専門学校でも、選別的な支援を行なっている学校もある。

在学中に就職活動を行なわないのが普通

事例29は洋服に興味があり、服飾系の短大に推薦で進学した。彼女の学校では、卒業前には就職活動をほとんどしないのが普通であり、彼女もしなかった。彼女の場合には卒業制作が忙しかったこともあったが、プライベートな問題をかかえていたことも大きかったという。

短い学業期間の中で、卒業にむけた作品づくりに追われており、学校から卒業までに就職を決めさせようという働きかけもない。そのうえプライベートな問題をかかえ、積極的に就職活動をする状態にならないまま卒業を迎えている。

〔事例29〕（二四歳・短大卒・女性）

短大の二回生はみんな、それは考えられない状態、忙しくて。卒業……、普通、論文とかなんですよね。でも、ファッション科だから。作品。ファッションショーするから。それに一年つぶれるから。余裕がある子は、就職活動は多分してたやろうけど、そんな多分できてないと思う。（*卒業したら就職は*）あんまり決まってなかったんちゃうかな。（*事例29さんは？*）、そのころはちょっと、就職はとりあえずしなかった。いや、しようと思ってたけど、ちょっといろいろと……。販売のほうで。会社説明会ぐらいまでは行った。時期的には早かった。春ぐらい。一、二回しか行ってないから。（*結局正社員は？*）やめて。（*なりたかったけど、ちょっとなれなかったなと？*）うん。会社説明会行ってすぐ。（*それは何か思うところが。これはあかんなという。*）いや、そういうのじゃなくて、プライベートなことで。（*就職を考えられるような状況にならなかったという？*）そう。（*卒業後*）半年ぐらい何もしてない。すべてやめて。家から出てない。ある意味引きこもり。

成績が悪いから支援しない

事例50は、建築関係の専門学校に進んだが、授業が難しく、卒業はかなり危なかった。二年生になってからすぐに就職活動をはじめ、就職課にも相談しに行ったが、成績が悪すぎるから専門学校に来ている求人は紹介できないと言われ、大学生と一緒に受けることになった。四月から一一月まで熱心に続け、業種・職種にはこだわらなかった。内定をもらった会社もまったく専門とは関係なく、外食産業に就職した。しかし上司からの暴力やトラブルがあり、精神的に辛くなって四ヵ月で離職している。

彼が通っていた専門学校では、成績がよい生徒には求人を紹介しても、成績が悪い場合には学校からの紹介は断られている。学校としては成績のよい生徒に絞り込んで紹介することにより、企業の信頼を得ることで継続的な求人確保ができるように努めているのである。これらは先述したように高校においても見られ、学校が移行支援にかかわる限りついてまわる問題といえる。

しかし学校はこうした問題をかかえるものの、移行支援という面だけではなく、人間関係の構築が可能な場でもある。

彼は離職後、ヘルパーの免許をとるなど活動的だったが、両親の看護専念をきっかけに家族以外の人間関係が途絶えた。ボランティアなどへ参加しようとしているがなかなかうまくいかず、非活動的な状態にある。幼稚園で働くための資格を取得するために学校に通おうとしており、学校を通じて人間関係の再構築をはかろうとしている。これが成功するかどうかはわからないが、いったん非活動的な状態になった者でも、学校に通いなおすことで人間関係を広げていける可能性がある。

3・2　四年制大学卒業者

四年制大学の場合には、短大・専門学校よりも就職に対する支援はいっそう弱くなる。高校とは異なり、担任の先生や進路指導担当の先生などの特定の支援者はほとんど見られない。大学からのアプローチも見られない。大学生が就職したい場合には、積極的に就職活動に取り組んでいかなくてはならず、まずこの段階でつまずく学生もいる。

就職先を得るために活動をしたが、内定を得られなかったり、試験に失敗した若者がいるが、今回対象となったケースはいずれも大学の支援を利用していなかった。また相談する相手にも恵まれているとはいえない。

就職失敗・面接がつらい　事例33は熱心に就職活動をしたが、内定を得られなかった。彼は中学時代に母を亡くしたことをきっかけに、遠く離れた高校に通いながら、母の代わりに家事を担うようになった。そのため高校時代は家と学校の往復だった。合格した大学はやや不本意だったが、転部して希望の学部で学ぶことができた。

就職活動に際して、営業はいやだということで、営業がない業種だと考えた出版をめざす。面接がとても苦手で「針のむしろ」のように感じつつ八〇社くらい受けつづけたが、内定を得られなかった。就職活動を振り返り、自己分析がうまくいかないまま就職活動を続け、消耗したと語っている。就職活動時には大学の支援についての語りはなく、志望を限定した報われない就職活動を続けた。

就職を断念した後に訪れた若者支援機関に相談するなかで、公務員に挑戦しようという気持ちになり、活路を見出す。志望を公務員に切り替え、試験に受かっていったん就職したが、上司とうまくいかず離職した。その後公務員試験は面接でうまくいかず失敗したが、正社員登用の道があるアルバイトをはじめ、このままアルバイトから正社員をめざすか、試験を受け直すかを考えている。

このケースはうまくいかない就職活動の最中に大学の支援が有効に働いていたら、彼の就職しようという意欲は高いだけに、志望を広げ、在学中に内定を得られた可能性もあるのではないかと思われる。しかし彼の中で大学の支援を利用しようという気持ちは見られず、また大学からのアプローチもなかった。

〔事例33〕（二七歳・大卒・男性）

（面接のときに）上がるし、今でももちろん上がっちゃうんですけど、早口だし、何てこういうふうに表現すればいいのかとか、まず面接というものがものすごく嫌でした。何か針のむしろなんてものじゃないですね。地獄の中へ、こんな太い針の上を歩くような罰があるとかというんじゃないですけど、あんなようなものですね。ずっとそこを歩いているような。

もう自己分析、ほんとうに自己分析ができたって去年ぐらいです。公務員の……。やっと自分の持ち味とかがこういうものかなというのがやっとわかったという感じです。それだって予備校の先生とかスタッフの先生とかにあれこれ相談しながらつくっていったんですから、それをひとりでやるのは、今、考えると相当難しい。そんなやってたですからね。いろいろな本を見たり、いろいろなサイトを見たりとかして、どうにかこうにかつくっていく。

（在学中の就職活動が失敗したあと）絶対営業は嫌だった、そこはかたくなに嫌だった、譲れなかった。それで何やろうかな。そこで、あれこれ相談していくわけです。私が行ったのが、◯◯（若者支援機関）とか、そこに行って、相談員の方としゃべっているうちに、ああ、公務員というのもいいな、そこで初めて公務員が出てきたんです。

公務員試験失敗・資格も生かせず　事例32は、大学に不適応であり、大学の支援を受けたいという気持ちはあったが、実際に支援を求めるには至らず、卒業後も試行錯誤している。

彼は高校時代からニーチェを読み、周りにはとっつきにくいという印象を与えていたという。国際関係を勉強したいという理由から大学を選択した。二年浪人して大学に入学したが、サークルの説明会の時に「ちょっとここはおれのいるところじゃない」と痛切に感じ、居場所を見つけようと、大学外の空手道場に入り熱心に打ち込んだ。また授業の内容も「聞こえのいいことは言っているけど、やっていることは違うじゃないか」と感じて反発したため、あまり授業にも出なくなっていった。授業に出ず、海外を放浪するなどしたため単位が取れなかった。

二浪し留年していたため民間ではなく公務員をめざしたが失敗、大学院には合格した。しかし将来が不安という判断から大学院には入学せず、いったん実家に戻った。卒業後アルバイトをしながら社労士の資格をとったが仕事がなく、大学やロースクールに入り直すことを希望しているが、経済的に難しく、将来について模索している。

〔事例32〕（二八歳・大卒・男性）

（大学を卒業した後のことは？）いえ、特に決めてなかったですね。大学時代でつまずいちゃった（二浪二留）ということがあるので、民間のほうで就職活動しようというのがあまりなかったんですよね。今になってみてもやっぱり思うんですけど、周りの人で就職をした人とか話を聞いてみると、大学の就職課、ほとんど機能してないですけどね。一応それを頼って就職した人の話を聞いてみると、コネがある、昔からつき合いがあるような会社が多いことに気づいて、民間はやめて、じゃ、公務員でやろうと思って、外交官、ノンキャリアのほうを二回受けて、二回受けて残念だったですけど、まあ、いいかと思って。

ようやく卒業して、ちょっと疲れてたのかな。○○大学の大学院を受けて受かったんですけど。政治学の。受かったんですけど、そんなところを出てどうするんだよと、確かに言われればそうなんですけど、出たからといって、今、職なんかあるわけないなと。自分のおやじ（大学教員）もそう言ったし、自分なりにサーチしてみても、やっぱり否定的な意見が多かったと。（進学はやめて実家に）一回戻って。

就職活動からの撤退

事例34・事例35・事例36とも、特に将来の仕事のことは考えず、当然のように大学へ進学した。大学進学後、就職活動をする時期になり、事例34・事例35は事例33同様、人気のある出版社を中心に就職活動をしている。これらの業界は、大学生が就職を考えはじめたときに真っ先に浮かぶ人気業界なのだろうが、人気があるだけに内定を獲得するのは大変難しく、内定を得ることはできていない。

事例34は、高校は自分の学力に見合った普通高校に進学し、当然のように大学進学を希望した。それなりに満足のいく大学に合格でき、楽しい学生時代を過ごしたが、いざ就職にむけて動き出す時期になり、悩みはじめる。友達が就職部に連れて行ってくれたが、その時だけでそのあと訪れることはなかった。彼女は卒業後アルバイトをしつつ、事務の仕事をめざして簿記を勉強し、資格試験に挑戦している。相談機関を訪れていろいろアドバイスをもらったが、自分のめざす仕事が事務でよかったのかと悩みはじめている。

〔事例34〕（二四歳・大卒・女性）

（経済学部に行ったのは）自分の進路がそのころから全然決まっていなかったので、経済学部に行っておけばいろいろと選択肢があるんじゃないかと思って。高校の時はとりあえず進学だったので。私は出版社を数社受けました。（編集者になりたいとか？）そうですね。できればなりたかった。出版社に入りたいというのは就職活動を始めるというぐらいになってから……。やはり、自分の方向性がはっきり決まっていなかったのがここにもあると思うんですけれども、出版といって気楽に始めてしまって……。だから、（だめだったときは）気持ちがすごくなえていましたね。それと、やっぱり出版をめざしたい人というのは、出版社に就職するためのセミナーとかにちゃんと通っていろいろと勉強をしているのに、自分はやってきていないし、自分はそこまでして出版に行きたいという気持ちがあるのかどうかという疑問がすごく出てきましたね。

友人が一番相談しやすかったですね。励ましてくれたり、就職部に連れて行ってくれました。その私を就職部に連れて行ってくれた人は、結構ちゃんと通っていろいろと仲良くなったりとかしていたので、自分でやるぞという人に対しては、やはりそれなりに求人を紹介したりとかをしてくれていたんだと思います。あまり自分の就職意欲が高くなかったんだと思います。絶対にしなければと思ったら、もっといろいろなところに行ったと思うんですけれども。

やりたいことは何か悩む

事例35も、大学進学は当然という家庭に育った。現役で大学を受験するときは、塾に相談したという。高校は、推薦する生徒に対しては面接などの指導を熱心にしていたが、一般受験する生徒に対する指導はほとんどなかった。もう「高校の先生の顔とかも出てこない」という。浪人はしたが大学に進学し、大学生活を送っていたが、自分を育ててくれた祖母が亡くなったことがきっかけで、将来について考えはじめる。ほとんど就職活動に参加しないまま、卒業した。学校からの支援は考えもしなかった。その後ワーキングホリデーに参加するなどしているが、将来の進路は定まっていない。

【事例35】（二五歳・大卒・男性）

ちっちゃい頃からおばあちゃん子だったんですよ。それが大学二年の春に死んじゃって。それから、すごい考え方が変わったというか、何か就職とかも、大学卒業したら就職しなきゃいけないのかなみたいな疑問を感じるようになって。疑問っていうか、何で……。何だろう……。やっぱりすごい大学入ったときも、おばあちゃんが喜んでくれたし、そういうのもあったのかなという……。

多分、三年の春からちょろちょろはあったんですけど、まあ、そのころは多分全然出てなくて、三年の夏休みに友達とスペインとかモロッコに旅行にバックパック背負って行ったんですよ、二週間ちょっと。もうすごい貧乏旅行をしたというか。「飛行機のチケットだけを……。それがすごい楽しくて、すごい海外で生活したいって思うようになったというか。

何回かは、説明会とかに出ましたね。ただ、まあ、何かやりたい仕事だったら、いいかなって。そのときは、映画は好きで、スノーボードがすごい好きだったので、映画の配給会社と□□スポーツにエントリーシートを出して、でももうそのぐらいしかやらなかった。あと、カード。それが何か、海外研修ある、みたいな感じで。あ、海外研修あるんだ、海外行きてーなぐらいので。それはもう全然だめで、エントリーシートからだめだったから。で、もう坊主にしましたね、そのときに。「もう就職活動いいや」みたいな感じで、丸坊主にして。

事例36は大学の支援を利用したが、上述の二つのケース同様にそれほど熱心には就職活動をしなかったタイプである。彼は理科系が合っていると考えて工学部を選択した。

自分と社会との接点を探る

職種にはこだわらず就職課の斡旋で二社面接に臨んだが、うまくいかなかったという。卒業後はアルバイトをしながら、様々な若者支援機関を積極的に利用した。その相談の中で、自分と会社との接点をうまく見つけられなかったことに気づいたという。卒業後の支援機関の利用を通じて、就職活動において何が自分に足りなかったのかを分析することができるようになっており、就職活動をはじめつつある。

〔事例36〕（二五歳・大卒・男性）

（大学時代の就職活動の時は）やっぱりちょっと何か自分を売り込む材料がまだちょっと不足していた。何かあまり自分のことをうまく説明できなかった。会社も自分について何が知りたいのか、やっぱりあまり理解できなかった。

研究というか自己分析ですか。だから、結局何か自分のことを言ってもう終わってしまった。自分の長所や短所はと普通に答えるだけで、最終的にやっぱりこういった人材を会社は求めたいというのもありますよね。ただ単に自分のことを、自分中心のことをずっとひたすらしゃべっただけで終わってしまったんです。だから、それが（内定が得られなかった）原因だったかなと。やっぱり自分は今まで生きてきて、何を大事にしてきたのだろう。何か最近になってからほんとうにそういった自分を知るということは、ほんとうに重要なんだということが、それはハローワークとか相談してよかったなとか、いろいろなところへ行って話聞いてきてるんです。大学の就職課でも何かそういった面接でこれは言っておけば、面接で何か強みになるようなこれを言っておけば大丈夫だろうとか、大学にも行ってみたし、〇〇ってご存じですか、あそこにも行ったし、△△にも行ってみたし、あと最近、××ですか、あちらのほうにも相談に行った。

自分のやりたいことは何であるのかを悩む若者に対する支援は難しい。大学側も支援機関も、エントリーシートの書き方の相談や面接の練習など、様々な支援のメニューを用意している。しかし「何を仕事とすべきか」について悩んでいる若者に、特定の仕事をすすめる支援は行なわれていない。この背景には、自己選択をよしとする風潮に加えて、大学の就職部にとっても、「大手企業に入れれば幸せである」というようなシンプルな信仰や「つべこべ言わずに働け」という論理にリアリティがないということがある。そのために本人の「やりたいこと」に寄り添った支援となりがちなのである。しかし本人の「やりたいこと」を前提とした支援は、もともと「やりたいこと」がわからなくて悩んでいる若者をさらに悩ませ、一歩踏み出すことを難しくさせがちである。

卒業後に大学の支援を利用

次に大学卒業時点では正社員として就職したが、その後離職したケースをいくつか示す。

事例47は在学中には大学の支援を利用しなかったが、卒業後に利用している。彼は就職するという強い気持ちを持って、早めに就職活動をスタートした。その努力が報われ、在学中に何とか内定を得ることができた。就職先でがんばって働いたが、早期に離職を余儀なくされた。自発的離職というかたちをとっているが、解雇に近かったと語っている。

離職直後はこのあとまた仕事につけるのかなど不安でいっぱいで、悩んでいる最中には友達にも会おうという気にはならなかった。若者支援機関で様々な人に出会い、自分の経験を話していくうちに自分の中でつらい経験の整理がつき、自尊心を取り戻しはじめた。現在は就職活動をはじめようとしているところである。

彼は独力で解決できなくなったときに若者支援機関を利用し、人に話すことや相談することの重要性を感じて、在学中には相談に訪れなかった大学に卒業後出向いている。卒業後は学校外の支援機関へというルートが強調されがちだが、卒業後に若者支援機関から学校への紹介というルートも整備されてよい。その意味でも、若者支援機関と学校との連携が必要になる。

〔事例47〕（二六歳・大卒・男性）

（辞めたときは）ほかの仕事にももうつけないいんじゃないかって思いはじめちゃったりとか。こんな仕事もできないんじゃっていうのが一つあって、どこに行ってもだめなんじゃないかとか考えだしちゃったりとか。結構、努力もしたんだけどどという気持ちがあったんで。

ここ（若者支援機関）に来て、だんだん、今まで仕事をやってきた、自分がどんな仕事をやってきたのかとか話すようになったりとか、話しやすい人がたくさんできたんですね。そのなかで、何となく自分のなかで踏ん切りがついたというか、頭の中でこれはこうだったんだとか、あれはああだったんだとか、だんだん整理できるようになって、自分のことも話せるようになったし、前向きになってきたんですね。特に人と話すことってあまりしてなかったんで。

（あまりお友達とかにも会わずに？）そうですね。会ってもあまり気が晴れないっていうか。話すことが、結構、悩んでるときには重要だっていうのが、ここに来てようやく気づき始めたんですね。そのうち、どんどんわかりやすく話すのがうまくなってきたりとか。人の悩みも聞けるぐらいの心のゆとりを持てたりとか。将来像が何となくぼやっと出てきたりとか。自分の中にあったものがだんだん見えてくるんですよね。別にここで職業の相談を受けたからとか、そういうことではなくて、自分の中でいろんなものが整理できた。結果として、また新しい発見というか意欲が見えてきたというのはあったんですけどね、ここに来て。

大学の支援を利用　事例48は、大学の支援を利用して就職した。就職にはまじめに取り組み、大学の支援も積極的に利用した。やっと仕事を得たが、仕事になじめず、半ばクビになるようなかたちで離職し、現在は職業訓練中である。

就業意欲は高い一方、今の悩みは親しい友達がいないことだと述べており、友人関係がうまくいけば他のこともうまくいくのではないかと語る。彼は、人間関係におけるつまずきが移行に対する障害になっていると感じている。

【事例48】（二四歳・大卒・男性）

（*就職は？*）就職したかったです。受ける仕事の種類はさまざまでしたね。もう入れそうなところだったらどこでも。三月ぐらいでもうパソコンのインターネットの仕事探しというのは嫌気が差してきて。就職課のほうに相談して。就職課の求人を見て探すことにしたんです。六月、二社だったんですけど。この会社に落ちたらもう就職できないのかなみたいな気持ちで。もう神経がとがってたというか、気持ちが張ってましたね。ほんとうにもうこの会社は入れなかったらどうするのかなというときに、その内定のお電話が来たって親から知らされて。よかったです。ほんと。（今、ふだん遊んでいる友達というのは、どういったつながりのお友達が多いんですか？）いや、はっきり言って今いないです。今の悩みとしまして、やっぱりプライベートでいわゆるそういう人たちがいないということですね。それが今一番の悩みかもしれないですね。ほんとにそれが何とかなれば少しよくなって、ほかのことも円滑にやれると思うんですけど。

こうした人間関係の問題が移行の障害として端的に表れているのが、次に見る中退のケースである。

3・3　高等教育を中退したケース

高等教育においては、高校のような生活指導はあまりないかわり、学校に引き留めておくための支援もほとんどない。そのため本人がいったんやる気を失えば、そのまま流されてしまう。その背景にあるのは、「居場所のなさ」である。クラスなど所属する集団がある高校までとは異なり、大学では自ら進んで人間関係を構築し、居場所を見つけていかなくてはならない。居場所の確保に失敗したと感じる若者の中には、だんだん大学から離れていき、中退していく者もいる。

煩わしい人間関係はいや

事例8は、面倒な人間関係や、将来について深く考えることを避けてきた。彼は大学に入るまで特に問題なく、流れにのってやってきたという。学力的に大学に行けるとは思っておらず、自分が文化系か理科系かもよくわかっていなかったが、先生に大学への推薦を紹介され、推薦でいける工学部に進学した。彼は工学部に進学後、専門科目がふえてきた二年生から大学には行くが、授業には出なくなった。授業内容がよくわからなかったことも大きかったが、人間関係がいやだったということがあった。退学の際には大学側と保護者、本人で話し合いが持たれたというが、生産的なものではなかった。

〔事例8〕（二四歳・大学中退・男性）

多分、（自分は）理科系なんだと思うんですけど、数学をとっているということはそっち……。（文科系か理科系か）どっちを選んでも大差ないなと思ってました。大学に行こうということが前提じゃなかったんで。なるべく何も考えたくなかったんで。

（*理系をとったら大学は推薦で自動的に理系になったと？*）そう。だから、自動的に上がれちゃった。だから、それが決まったときにものすごい悩んで、結局、先延ばしにはするけど、絶対、この何年後かに大変だというのはわかっていて、いっちゃった後がすごい悩んでいた。（*悩んで、でも、大学には進学しちゃった？*）うん。しなかったら、何にもしない状況。

（*大学をサボって、どういうところに行っていたの？*）いや、学校には行っていて、学校の中で時間つぶし。成績も厳しいし、例えば寝ていたら追い出されるようなところだから。その授業についていけなかったら、そこに行ってもおもしろくないわけですよ。二年目までは行事にいろいろあって、あそこは宗教の時間があったり音楽とか体育があって、そういう意味では結構おもしろい。何年か浪人して入ったという人がいて声かけてくれたりもしていたんですけど、結局、何となく学校には行かなくなったんで。

今度、単位足りなかったら退学勧告ということで呼ばれて行って、うちのお母さんもカウンセラーを紹介されて行って話していて、あなたがやめたいと思っているんだったら、そうすればいいじゃないという結果になった。小学校のとき、どうだったということを聞かれたり、そういうことで大学にきちっと通えるようになるんじゃないかと、いわゆる不登校か何かだという見方を周りはしていたんだと。(不登校)じゃないと思うんです。人間関係が嫌だっていうのはないわけじゃないですけど。クラスメイトとも話ししなかったなという。

中退後間もなく、編集者になりたいと考え、専門学校への進学を決める。専門学校卒業時の就職活動には、会社の人間関係に入っていく自信がなく、「大変になる前に引いちゃった」という。しかし卒業後もゆっくりとではあるが会社訪問をしており、面接の際に、「そのときに決定的に、『あっ、やる気のほうが重要なんだな』という、何をやるかというよりもきちっと社会に出て働くということを理解しているということ、それから、例えば人間関係がどうとかいうことを考えている場合じゃなく、きちっとやれるというコミュニケーションのスキルや何かを持っていないということがわかって」、能動的に動こうとするようになった。

その後専門学校時代からおつきあいのある講師のつながりでいろいろな人に会ったり、コミュニケーションの取り方を学びつつ、その人のところで修業的な仕事をしながら短期のアルバイトをしている。インタビュー後、編集者への一歩を踏み出したという。

人間関係が途絶　事例11は海外に住む家族以外との人間関係がなくなり、一時社会から途絶した状態にあった。彼は幼い頃から両親の転勤で、全国を転々としていた。高校時代に両親は海外に転勤するが、本人は残った。大学をめざして二年間の浪人中、友達ができず、孤立してしまう。やっと大学へ進学したときにはかなり精神的につらい状況にあった。

大学入学後は授業に出席せず、学年があがるにつれて参加していたサークル活動の人間関係も絶え、アルバイトもしない毎日が続いた。単位が取れず進級できなくなるまで、大学から保護者に対する連絡はなく、その後も支援はなかった。彼が大学に行かないことに対して心配する者はおらず、誰とも口をきかない日々が続いた。

二六、七歳の時に、先の見通しなく大学を中退し、アルバイトをはじめたが長続きしなかった。その理由が自分の対人能力にあることを感じたため、同じ悩みを持つ自助グループに参加するようになった。現在は、継続的なアルバイトを続けることができるようになっており、放送大学を利用するなど、社会参加へ踏み出している。

〔事例11〕（三二歳・大学中退・男性）

ほんとうに、何ていうのかな、逆に言うとサークルだけ出ていて、学校も出てなくて、だんだんそこらへんでギャップが周りとできて、一年、二年間は楽しかったですけど、だんだんやっぱりサークルのほうも、学校へ行かないということで、だんだんあんまりうまくまわんなくなってきて。全部で六年間です。（サークルをやめた後）全く何もしない生活です。本とあと、ゲームですね。今ほんとうに思い出してもよくわからない状況でした。やっぱりどちらかといえば、後ろ向きなことをよく考えていた。
（*大学を離れることにしたのは？*）それは、もう一つには、自分の年からいって普通に大学に行って、卒業してというふうな、要するにいろいろと普通だったら乗り越えるべきハードルがありますが、それを全部踏み倒していく段になって、ここまで年とったんならいいやという、その生き方をあきらめたという…。二六、七ですね。（*大学をやめることにしたのは、自分と両親の？*）両方の。何となく、何となくそうだろうと……。

精神的な問題

事例10は、子どもの頃から勉強ができ、高校も進学校だったが、不本意な大学に進学した。やはり「居場所のなさ」を感じて学校から遠ざかり、中退に至る。中退後はワーキングホリデーへの参加を計画したが、恋愛問題から精神的なバランスを崩してしまい断念する。その後様々な活動に参加し語学学校へ通学したりしたが、一〇年あまり、バランスを崩した状態が続いているという。また事例13も精神的な問題で大学を中退し、その後本人は様々な努力をしているが安定した状態には至っていない。移行を難しくする要因として、精神的な健康の問題も忘れてはならないだろう。

中退と人間関係

高等教育中退者の多くは、向いていない分野や不本意な進学を経験していた。加えてこれらのケースは居場所のなさを強く感じており、学校に行かなくなる→単位をとれなくなるという経緯をたどっていた。もともと学校に対して不適応であっただけでなく、人間関係の問題が生じたために、移行につまずいたと見ることができる。

堀〔2004b〕は、無業の若者のソーシャル・ネットワークを、高学歴者に多く見られる「孤立型：家族以外の人間関係がほとんどない」、早く学校を離れた者に多く見られる「限定型：地元の同年齢で構成された人間関係に所属する」、「拡大型：人間関係を広げていく志向が強い」に分類し、「孤立型」「限定型」が多くを占めることを指摘している。

高校中退者の場合には、学校とは異なる居場所を確保している「限定型」が多いため、学校での居場所を確保できないことと中退とは結びつかない。しかし高等教育進学者の場合、学校を通じた人間関係が中心であるため、学校の人間関係がうまくいかないことは人間関係のほとんどがうまくいかないことを意味する。そして彼らは中退すると同時に、社会から孤立した状況に陥ってしまうのである。

3・4　高等教育機関の支援の特徴

短大・専門学校卒業者は、在学期間が短いことからぎりぎりまで学業に専念しなくてはならないという状況にあった。また新規学卒採用が主流ではないデザイン、マスコミ系の専門学校・短大の場合には、在学中に就職活動をはじめる者は少なく、学校の支援も手薄である。また、学業成績が悪いために学校からの支援が得られず、大学生に混じっての就職活動を余儀なくされたケースも見られた。

四年制大学卒業者はほとんど支援を利用しておらず、大学からのアプローチも見られなかった。大学生にとっては、大学の就職部は就職への意欲が高く、就きたい仕事が具体化していないと利用しづらい。卒業時に「何を仕事とすべきか」について悩んでいた者で結論が出た状態にいる者は見られず、こうした悩みには出口を見つけるのが難しいことがうかがえる。

高等教育中退者は、もともと様々な理由から学校になじめないという土壌があり、これに人間関係の問題が重なって中退に至っているケースが多い。高等教育機関は中退者に対しては支援をしていないため、若者は中退後さまよっており、それぞれが専門学校や自助グループなどに参加したり、ワーキングホリデーの準備をするなど、移行の再構築をはかっていた。

また高等教育進学者は学校を通じた人間関係が中心となっているため、学校を中退したり、卒業した時点で社会から孤立してしまい、人間関係のつまずきが移行の障害となっているケースも少なくなかった。彼らの移行は就業よりも、学校への進学や若者支援機関の利用などを通じて試みられており、これらは同時に人間関係の構築もあわせてはかろうとするものであった。精神的な問題をかかえた若者の移行はかなり難しいため、別の支援が必要と考えられる。

4　支援機関としての課題

本章では、若者のインタビューを通じて、学校という移行支援機関が若者の初期の移行に果たす役割について考えるための手がかりを探った。まず本章のインタビューから浮かびあがるのは、何か特別な問題があるわけではないのに、若者が移行につまずいてしまっているということである。特に労働市場の環境が厳しい地域においては、あまり問題のない若者の移行が困難な状況に陥っており、学校の支援だけでは限界がある。

これまでの検討に基づき、学校の移行支援機能の現状と問題について、得られた知見をまとめたい。

高校の支援の現状　高校によっては、進路のための活動をしない生徒に対して教員から積極的なアプローチがなされており、学校の働きかけにのった生徒は、おおむね卒業時に就職することができていた。ただし生徒への働きかけは、教員個人の努力に任されているのではないかと思われる。けれども生徒に対して学校からの働きかけが有効なのは、ある程度求人がある場合に限られ、東北地区は学校の働きかけにのっても就職は困難であった。

しかし卒業時点で就職できなくても、高校の働きかけにのっていた若者は卒業後も比較的活動的であるのに対して、高校からの働きかけにのらなかった場合には、卒業後非活動的な状態にあったり、将来への見通しが持てずにアルバイトを転々としたりしていた。こうした学校への指導にのらない生徒には、学校からの支援よりも、学校から他機関へ紹介する方法が考えられる。また逆に、若者支援機関から卒業した学校に対する紹介もあってよい。

さらに高等教育以下の中退について、就学する場合には支援が見られたが、就業に対する支援は見られなかった。就業希望者に対しては、学校外の若者支援機関への紹介などは可能ではないかと考えられる。

学校内における選抜基準と支援対象の限定

高卒就職の場合、卒業の見込みが立たず推薦が受けられなかったり、成績があまりよくないと推薦されなかったりという例が見られるが、専門学校の例でも成績が悪いということで、支援を受けられない若者もいた。学校段階にかかわらず、選抜基準による支援の限定は、学校が主体となって支援をしようとする限り必ず生じる問題と言える。

求人が少なくなってくると、欠席・成績によって就職先に配分するというよりも、欠席・成績によってそもそも支援の対象となるかどうかが左右されることになる。けれども学校において支援の対象を、まじめな学校生活を送らなかった生徒にまで同じように広げることは、まじめな学校生活を送るインセンティブを低めることになるため、安易に基準をゆるめるわけにもいかないというジレンマがある。

「目標」「やりたいこと」に基づく支援の問題点

現在の学校の支援は、若者の目標ややりたいことに寄り添って実施されている。若者の側も同じ理想を持って移行を行なおうとしている。特に四年制大学進学者は、「なぜ働くのか」「何を仕事にするのか」ということについて悩んでいる。しかし相談相手は保護者または友達にとどまっており、学校が意識されることはない。

これは学校の支援が、若者側でやりたいことが決まっていることを前提としてなされるため、そこまで行き着かない若者は支援を利用しにくいためであると思われる。支援する側も、何も表明しない若者に対する支援は難しい。また従来のように、大企業＝いい就職と言えなくなり、仮にそのような前提をおいたとしても、大企業に入れるチャンスは減っている。また「働かざる者食うべからず」というのも説得力に欠けている。どのような理念と方針を持って支援を進めていけばよいのか、支援する学校の側も今迷いの中にある。

学校による人間関係の構築や発展

若者の移行において、人間関係は大きな影響を与えている。本章のケースでは、友達から離れたくないために就業から遠ざかる若者や、人間関係がうまくいかないことが移行の障害となっている若者の例が見られた。

学校は就業に結びつけるだけでなく、人間関係を広げ、コミュニケーション能力を獲得する場でもあり、若者の可能性を広げる機会を与えるという機能も持っている。特に非活動的な若者や高学歴者において、学校に入り直す効果は高いと考えられる。就業だけでなく学校に入り直すという選択肢を広げることは、若者の移行支援に有効であろう。

本章は学校という支援機関に焦点を当ててきたが、ハローワークや若者支援機関など、学校以外の支援機関の役割が若者の移行において有効であることが明らかになっている。今後の若者支援の展開の際には、若者支援機関と学校との密な連携は特に求められる。特に、若者に「たらい回し」と感じさせる支援にならないような配慮が必要だと思われる。

第三章　家庭環境から見る

宮本　みち子

1　なぜ家庭を問題にするのか

四つの着眼点

移行の困難に直面している若者の家庭環境と親子関係をさぐるのがこの章のテーマである。ここで家庭と親子関係を扱う際の着眼点は四つある。

第一は、学校から仕事への移行の危機に直面している若者の成長過程で、親や家庭環境はどのような役割を果たしてきただろうかという着眼点である。学校への適応、学業の達成において、家庭環境の影響は大きい。学校で学ぶことに高い関心をもち、経済的にもそれが可能な家庭環境で育つかどうかによって大きな差が生じ、中学あるいは高校が終了する頃には、大きな開きが生じている。

第一、二章で見たように、近年まで日本では、学校で努力して成果をあげれば将来の成功につながるという信念が広くいきわたる状況（メリトクラシーの大衆化状況）〔苅谷 1995〕があった。しかし九〇年代以降、大都市進路多様校においては、低階層出身の生徒が、学習をめぐる競争へと動因されにくくなった〔樋田、耳塚他編 2000〕。生徒たちが学校より学校外へとコミットしていく「脱学校化」が進んだ。この傾向は、親の子どもに対する養育・教育観と密接に関係している。学校で子どもが成果をあげることが有効だと親が信じ、動機づけ、生活指導、経済的援助をするかどうかに、それは表れる。このことと、学校における移行支援（新規一括採用制度）とは見事に一体化していた。新規一括採用制度が有効に働かなかった層（無業者・フリーター）の増加は、家庭のメリトクラシーの変容と関係しているのだろうか。このような面に着目して見ていくことが、第一の着眼点である。

第二は、移行期の若者のキャリア選択に関する意識や行動は、成長過程の社会化のありようが影響を及ぼしていると思われるが、その基底には親の価値規範、子どもに対する親の姿勢や行動の影響が大きいだろう。近年若者の職業意識が脆弱になっているのも、家庭が、職業をもって自立することを社会化する機能が弱くなっていることと深くかかわっていると思われる。このような点を見ていくことが第二の着眼点である。

第三は、一九九〇年代の不況は親世代の職業と家計に大きな打撃を与えたが、それが子ども世代の成人期への移行にどのような影響を及ぼしているかという着眼点である。親の職業上の挫折は子どものキャリア選択に、さまざまな影響を与えているのではないかと思われるからである。

第四は、移行の困難に直面している若者を、家庭はどのように扱っているのかという点である。全般的に、成人期への移行が長期化していることが近年の特徴だが、新規一括採用の流れに乗れなかった者または乗らなかった者は、移行期がよりいっそう長期化し、かつジグザグな経路となっている。

完全な自立に到達するまでの半分依存・半分自立の不安定な時期を支えるものとして、家庭（とくに親）は以前にも増して大きな意味あいをもっていることを、国内外の先行研究は指摘している〔ジョーンズ／ウォーレス 1996、宮本 2002、2004、2005〕。しかし、移行の難局を乗りきるには親の力を借りるしかないために、親の力量の如何によって困難な局面を乗りきれるかどうかに差異が生じるはずである。これが第四の着眼点である。

二つの切り口

家庭という面から若者を見ていく際、二つの主要な切り口がある。ひとつは社会階層であり、もうひとつは地域である。

①社会階層　先に挙げた四つの着眼点は、それぞれ社会階層の問題と深く結合している。本書の対象者を見たとき、中卒、高校中退、高卒、場合によっては専門学校卒の一群と、大卒あるいは大学中退の一群では、子どもの教育成果に対する親の位置づけの違いと、その背景にある経済水準に差異があり、それに対応して、フリーターや無業者になる経緯にも違いが見られる。すでに近年の主要な研究からは、本人が低学歴層ほどフリーターや無業者が多く、本人の学歴と親の学歴は相関性が高いことが明らかにされている。

ところで、欧米諸国で若年失業やＮＥＥＴが議論される場合、低学歴層、あるいは低い社会階層が固有にかかえる問題として論じられるのと比較すると〔Jones 2002〕、日本では必ずしも社会階層問題として扱われない。むしろ、高学歴層、あるいは中流階層出身の若者のほうに関心が集まりがちである。それゆえに、〝働く意欲がない〟現象が関心を引き、家庭環境上の障害には焦点があたらない。それだけ、〝普通の若者〟の弱体化が際立っているともいえるが、その背後にある低い社会階層がかかえ

図3-1　類型図

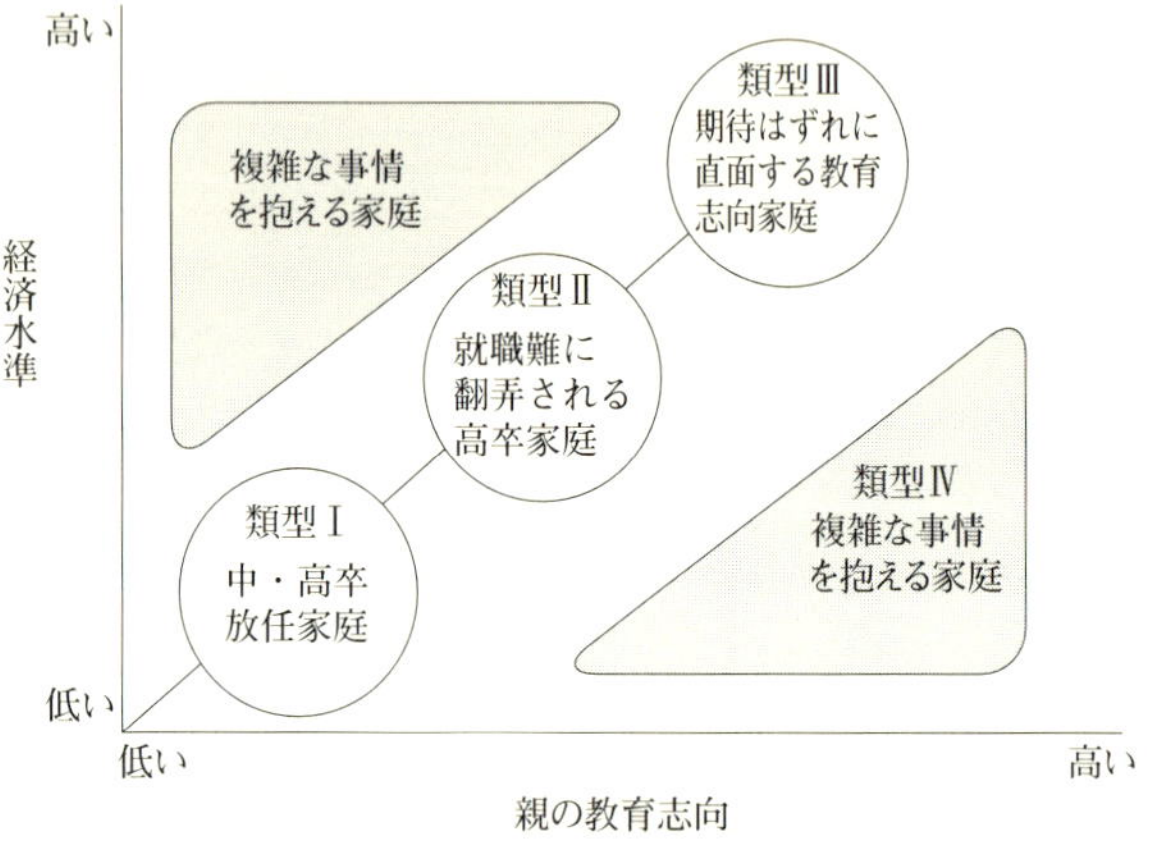

ている問題が軽視されてしまうことに注意を喚起する必要があろう。

②地域　社会階層とならぶ重要な切り口は地域である。本書の対象者群のうち、東北地方のケースは、地域経済の弱体化によって、高卒労働市場が逼迫しているという背景と深く結合している。高校生のアルバイト機会や、フリーターとしての就業機会に事欠かない大都市とは異なり、アルバイト市場すら十分ではないような地域経済が、高卒就職希望者の学校から仕事への移行を困難にしている。そのうえ、このような地域では、親の経済事情も悪化していて、学校から仕事への移行の困難に直面する子どもを援助する力がないことに着目する必要がある。

そこでここでは、社会階層を構成する二つの要因を用いて、四つの類型に分ける。要因のひとつは、子どもの教育への親の関心・志向性が高いかどうか（教育志向の程度）、もうひとつは、家庭の経済水準である。この二つの要因を組み合わせると、四つの類型ができる。

類型Ⅰは、経済水準が低く、かつ子どもの教育への関心が低い家庭である。これを「中・高卒放任家庭」（放任型）としよう。

類型Ⅱは、どちらも中程度である。近年の高卒就職難に直面しているが、経済事情から進学という迂回ができにくい家庭である。これを、「就職難に翻弄される高卒家庭」（就職難型）とする。

類型Ⅲは、経済水準が高く子どもの教育にも高い関心をもつ家庭である。しかし不況のなかで、子どもは親が期待したようなかたちで自立できない。これを「期待はずれに直面する教育志向家庭」（期待はずれ型）とする。

この三つの類型にあてはまらない、種々の複雑な事情をかかえる類型Ⅳがある。これを「複雑な事情をかかえる家庭」（複雑事情型）としよう。

これら四類型は、上記の社会階層と地域という二つの切り口と密接に関係している。これからの記述は、この類型にそって進めていくことにする。

ここでの主な関心は、移行期の困難に直面している若者が、過去から現在までどのような家庭環境と親子関係をもっているのか、そのことがフリーター・無業者という状況とどのような関係をもっているのかという点である。具体的には、①家族史と家族構成、②親の職業とライフスタイル、③過去から現在までの家計状況、④親子の経済関係、⑤親のしつけ・養育態度・子どもへの期待、⑥親子間の会話・行動・情緒関係、⑦将来の暮らし、結婚や家族形成に対する期待と展望が主な項目である。

2　中・高卒放任家庭の実態（類型Ⅰ）

この類型は、イギリスをはじめ先進諸国において、社会的排除におちいりやすいといわれている典型的なタイプである。

2・1　親の離婚・再婚・死別を経験した若者が多い

まず初めの作業として、彼ら・彼女らは、どのような家族史をたどり、どのような家族経験をして現在があるのか、今、誰と暮らしているのかを見ておこう。

類型Ⅰのなかには、親の離婚・再婚・死別を経験している者が多い[1]。しかも、早期に経験している者が多い[2]。それにともなう複雑な家族史をたどった結果、多様な家族形態が見られる。当然、実の両親に代わって親役割を果たす者が必要となる。その際、祖母はしばしば親に代わる重要な役割を果たしている。女性の場合は、親に代わって家事の手伝いを小さい頃からやっている者も見られる。家庭の複雑な事情から、祖母の家と親の家を行き来している者もいる。

【事例1】（二四歳・中卒・男性）

（家族はお父さんとおばあちゃんですか？）そうですね。僕と、気がついたらおばあちゃんが家に来ていたんですよ。（兄弟は）そのときはいてなかったんですけど、（再婚して、下の）子が三人いていますね、弟が。

〔事例18〕（二〇歳・高卒・女性）

お母さんも一緒に住んでいて、離婚してお父さんと、お兄ちゃんと、弟と。（家のことは誰がしてはったの？）家のことは、一応私が。小学校の小さいときにアパートから九号館に引っ越して、そこは狭くって、小学校の六年ぐらいのときに今住んでいる広い部屋に引っ越して、そこから家でご飯をつくるようになった。それまではおばあちゃんちで、手伝いといっても食器を洗ったりぐらいで、引っ越してから、小学校六年から中一のときぐらいからご飯をつくったり……。

一〇代で子どもを出産した事例4は、子どもの養育に対する自覚がなく、祖母に親代わりをしてもらっている。彼女は、自分自身が母子家庭で育っており、祖母・父・本人・子どもの同居の時期もあった。彼女は小学校時代から勉強がまったく苦手だった。両親はパチンコにはまっており、仕事が終わるとパチンコ店に直行して家には帰ってこないありさまだった。だから、親に料理をつくってもらったことがほとんどない。彼女は、中学時代から遅刻・欠席が多く、高校一年の一学期で中退している。

〔事例4〕（二〇歳・高校中退・女性）

一年半くらいは（もうその子から見たら）ひいばあちゃんと一緒に住んでて。おばあちゃん、お父さんの親と一緒に三人で住んでて。泊まりに来てもらってもう住んでるって状態になって。一年半くらい続いたんかなぁ。んでようやく子どもがちょっと大きくなって、ってゆーか二歳ぐらいになってから、もうおばあちゃんにはべったりなんやけど、うちも落ち着いたから、子ども見るようになったっていうか多少見るようになった。（それまではおばあちゃんが）うちの家来て住んでる状態で、ずっとご飯つくって子どものミルクつくってくれてたり。母乳じゃなかったから。いつも夜おきてミルクつくってくれて（中略）。おばあちゃんも、なんで歳いってからこんなしんどい目みなあかんてずーっと言ってた。

親や近親者の離婚・再婚・死別・病気などを経験したために、学校教育段階ですでに安定した学校生活を送ることができなかった者が少なくない。家族史と現在の家族構成は、親の職歴や経済状態と密接に関係している。このあとで見るように、離婚・再婚は、不安定な職業や借金問題と結合していることが少なくない。青年期が長期化して一人立ちできる時期が遅くなっている現代では、このような家庭環境は致命的に不利な条件となるのである。その実態を順次見ていくことにする。

2・2 親・きょうだいの職業とライフスタイル

親の職業は、子どもの職業選択に何らかの影響を及ぼすと思われる。それは二つの面をもつであろう。

第一に、親は子どもにとって職業モデルである。親の職業上のライフスタイルと職業意識が子どもに反映する。親が職業のうえでしっかりした基盤をもち、子どもに情報を与えたり助言できる場合は、フリーターをしながらも見通しを失わず将来設計をたてることが可能となっている。反対に親にその力がないと、子どもは目先のことしかわからず、経済的な余裕がないこともあって、刹那的な選択をしがちである。また、親が非典型雇用者であれば、フリーターへの親和性があるだろう。もっとも親のようにはなりたくない、という意識も働くであろうが、どこに分かれ目があるのだろうか。第二に、親の職業は地域経済を反映するが、それが同時に子どもにも反映する。地域経済の衰退は親子双方に影響を及ぼし、とくに弱い社会階層の親子を直撃すると指摘されている〔ジョーンズ／ウォーレス 1996〕。その実態を見ていこう。

親の職業は雑多な不安定就労

低学歴の親の職業は、零細自営業、作業員、ダンプやトラック運転手、飲食店、その他の不安定就労で、離転職数も多い。自営業を廃業して、アルバイトをしている者もいる。病気や怪我がつきまとっている。両親が揃っている場合でも、母親が専業主婦でいる者は少数である。また、親の仕事について明確な知識をもっていないことも特徴といってよい。このような傾向は、関西の事例に特徴的に見られる。

〔事例12〕（二〇歳・専門学校中退・女性）

（*お母さんの仕事は？*）今はたこ焼きじゃないです。今は休業してるんですよ。もうちょっとしたら始めるんですけど。ちょっと休んどって。今は違う仕事ですね。だから、晩ご飯はあまり一緒に食べれるときがない。お母さんは仕事行ってるから、私暇やから家の掃除とか、家事はほとんどやってますね、私が。お父さんの仕事はトラックだったんです、初め。お父さんは病気持ちやったんで、ちょっと仕事を休んどって、それまでは店で養っとったんです。いろいろ支給がもらえるじゃないですか。それで養っとったりしとって……。お父さんはそこからちょっと体がましになってきたから、水道局というか、いろいろどこか回って工事……。ようわからへんけど、話を立てていくみたいな仕事……。何て言ったらええんやろ。（*建築の現場？*）そうですね。

事例17は、親の離婚・再婚を経験している。親の職業に関してはほとんど知らない状態である。そのことの影響もあってか、定時制高校を卒業する際、就職に関してはまったく何もしなかった。在学中のアルバイトを続けていくことしか考えていない。事例18も在学中就職に関して何もやっていない。「バイトでいいと思っていたし、何年も働かんわ、二年くらいしたら結婚していると思って……。卒業して二年ぐらいは適当にバイトして、二年ぐらいたったら結婚して専業主婦になってと思った」と言っている。事例6は、父親の借金で家計が苦しいため、働くことを期待されている。定時制高校に行きながら種々のアルバイトをしていたが、夜がつらくて退学し、その後もさまざまなアルバイトを続けていて、正社員になる気はまったくない。お金さえもらえればアルバイトでかまわないと思っている。

〔事例17〕（一九歳・定時制高卒・男性）

（お父さんとお母さんはお仕事は？）はい、多分しています。（お父さんは）何をしているかは全然知らない。（お父さんもお母さんは家にあまりいない？）はい。

〔事例18〕（二〇歳・高卒・女性）

（お父さんの）仕事はダンプカーの運転をしている。（そのダンプカーは？）はい、自分の。（独立してやっているの？）どうなんだろう。会社に入っているのかな。あまりはっきりはわからない。

〔事例6〕（二〇歳・定時制高校中退・女性）

（お父さんお仕事は？）仕事？　お父さんは掃除。ホテル内の掃除。（ホテルに雇われている？）ホテルに雇われているという感じなのかな。（ずっとそのお仕事ですか？）まだ一年はたってない。その前は運送やってた。（運送会社？）個人の。軽トラ。五年くらいやってた。その前。ドーナッツ売さん何をしてはった？）わからへん。工場に行っていた。

ころ行って。つくって。（ドーナッツの仕事は長かった？）そんな長くなかった。（小さいときお父

ってた。……テキヤみたいなん。お祭りじゃなくて、いつも、スーパーとかを回って。いろんなと

減収・倒産・解雇　近年の不況は対象者の親に少なからず影響を及ぼしている。もともと低学歴の不安定な職業従事者であったために、不況の影響をもろに蒙っているのである。自営業を廃業したり、賃金の低下を経験している者もいる。会社倒産の不安を感じている者もいる。仕事上の怪我、病気を経験している者もいる。それは直ちに解雇や減収につながるのである。

親の学歴は、中卒、高卒である。事例40の父親は、小学五年のとき、母が再婚した相手で、地方から出てきて高校定時制を出ている。正社員でトラックの運転をしてきたが、心筋梗塞で倒れた後、復帰している。しかし倒産の危険を感じている。事例26の父親はトラックの事故で大怪我をし、解雇された。そのため、彼女は家計を察して進学を断念し、パート仕事をしている。

〔事例40〕（一九歳・高卒・男性）

（お父さんは正規職員？）そうですね。（給料は？）今、下がってきてますね。不景気いうて。トラックでも配達するのが減ってきてるみたいなんですよ。それで、最初トレーラーって乗ってたんですよ。わかります？（でっかいやつ？）そう、でっかいやつ。免許はいっぱい持ってますね。危険物とかいろんな。でも、トレーラーから一〇トンぐらいのトラックになったんですけどね。（長距離？）いや、長距離じゃないです。近場ですね。（最近、仕事減ったと）言うてますね。会社がぶっつぶれるかもしらん、言うてますね。

〔事例26〕（二〇歳・高卒・女性）

（お父さんはずっと同じとこに勤めているの？）いえ、今の会社は二年目くらいですかね。前、働いていたところで、運送会社だったんですけども、大きな事故起こしてしまって、怪我して一ヵ月くらいもう仕事ないっていうか、「連絡するまで来なくていいから」って言われて、で、一ヵ月たってもぜんぜんなんの連絡もなくて、こっちが辞めさせられたような状態だったんですよ。（運送会社って、トラックの運転手だったの？ ちょうど二年前っていうと、あなたが就職する頃。専門学校の話、考えないでもなかったとき親から「就職してくれ」って言われたときって、お父さんが大変だったとき？）はい。

きょうだいもフリーター・無業者

対象者のきょうだいも無業、非正規雇用であることが珍しくない。それは、親の職業の影響であるとともに、きょうだいのフリーター化が、モデルとして他のきょうだいにも何らかの影響を及ぼしていると思われる。地域全体の不況をきょうだいがともに蒙っている場合もある。事例12、事例18、事例51は、きょうだいもフリーターあるいは無業の状態にある。事例51は、親と別居して同棲している。バンドで身を立てようとしている。彼の弟は無業者だが、弟のことは親もあきらめているという。

〔事例12〕（二〇歳・専門学校中退・女性）

お姉ちゃんはもう学校卒業してるから、アルバイト行ってるんですよ。

〔事例18〕（二〇歳・高卒・女性）

（弟は高校を卒業して……？）はい。就職はしていなくてバイトを。今は探しているみたいだけれども。今は多分、何もしていない。（*弟は、なぜ就職しなかった？*）学校からはもうするとかと言ってってんけど、何でやろう。何かいいところがないとか、そんなことを言っていて、自分で探すみたいな感じだった。そのときは普通にバイトをしとったから、多分、そんなに焦って就職をしなくてもバイトがあったから、と思うんだけど、今はやめたから。（*どんなバイト？*）飲食店。居酒屋さんです。（*ずっとやっていたの？*）高校時代です。

〔事例51〕（二二歳・専門学校卒・男性）

（弟は）何もしていないです。高校も出ていないです。（*中卒？　中学は○○中学校？*）そうです。（*弟は中卒からアルバイトとか？*）いや、何もしていないです。一応高校はここに行っていたんですけど、途中でやめて、専門学校へ行くといって専門学校へ行って、やめて。（*途中で？*）そうですね。（*専門学校は？*）ゲームとかのクリエーターの学校。（*弟はまったくのフリーター？*）パチプロをやっているらしいですけど、僕よりお金を持っていますね。この間家へ行ったら、箱の中に七〇万ぐらいお金があって、何やこれという感じのお金を持っています。（*パチンコだけで？*）信じられないでしょう。でもほんまにそうなんですよ。（*パチンコ歴は長い？*）いや、そんなことはないはずですよ。

2・3　家計状況と親子の経済関係

対象者の家庭の経済状況には当然のことながら違いがある。関西のケースの多くは、親の不安定な就労に規定されて低所得である。親が低所得で家計に余裕がない場合は、親から子どもへの経済援助は早いうちに打ち切られ、逆に、家計援助を要求される場合もある。

逼迫した家計状況

低所得家庭の場合、子どもは家計に余裕がないことを、小さい頃から認識している。これらのケースは、高校時代から本格的にアルバイトしているが、それは、「小遣いは自分で稼ぐもの」と自覚しているからである。そのうえ、さまざまな面で不条理感をもっている彼ら、彼女らにとって、唯一の「平等」な行為が消費なのであるから、アルバイトで自分の金を稼ぐことの意味は軽視してはならないものなのである〔長須編 2001〕。

このようなタイプの若者は、親に依存することができないだけでなく、不和、放任、親の病気や怪我、借金などを体験し、親の理不尽な横暴にもさらされている。このような環境のなかでは、自力で稼ぐことは貧困からわずかでも脱出し、親から解放される手段なのである。高校時代にアルバイト収入の一部を家計に入れている者もいる。いったんアルバイトを開始すると、親に経済的に頼る（小遣いをもらう）段階は終了したと親子双方で認識するようである。その意味で、親からの自立は早い。

事例6は父親の会社の経営不振、事例17は父親が事故、事例37は父親が博打に興じて家計を放置、事例23は長い年月を借金に追われる家計を経験してきた。子どもはそのような環境を甘んじて受けるしかない。彼らは、遅くとも高校時代からアルバイトをやらなければ満足に暮らせない状況におかれてきた。

〔事例6〕（二〇歳・定時制高中退・女性）

（お父さんは仕事について家で話されます？）会社がつぶれる。つぶれてはないけど。（お父さんの金銭面について、お母さんから聞いたことがある？）ある、愚痴ってた。（お父さんと話は）せえへん。ちょっとしかしゃべれへん。嫌い。（お母さんとは頻繁にしゃべる？）うん。

〔事例17〕（一九歳・定時制高卒・男性）

（家の経済的な状況は）よくないとは思います。（苦労した思い出は？）小学校五年ぐらいのときに、お父さんが車で事故を。それですごい大けがをしたんで、さっぱり仕事してないとかいう時期が多分何年間かあったと思うんです。

〔事例37〕（一九歳・高卒・男性）

お金がなかったですね。ほとんど博打に使ってたんで、お父。競馬・麻雀が一番ですね。それが原因で。（お金は？）全部自分のもん。（で、それが出て行かへんかったら、そんなに、ほんまは苦しいなかった？）そうですね。お母んの収入だけでやってた感じですね。全然、入ってなかったらしいです。（しんどかったんですか？）そうですね。

〔事例23〕（二一歳・高卒・男性）

（家が経済的に苦しいと思いはじめたのは？）あのね、ぶっちゃけた話ね、いつ頃かなぁ、小学生から、結構借金あったんですよ。借金の額が一、〇〇〇万ぐらいあったんですけど、それを返しながらやってたんですね。返しながらでも結構生活とか普通にできてたんで、かなり給料がよかったんですけど、高二とかの時にはもう返し終わってたんですけど、それでも生活ちょっと苦しかったんですよ。だから、絶対そんな余裕ないじゃないですか。かなり給料も落ちてるんで。そういうこと思うと、やっぱ（上の学校へは）行けないですよ。

小遣いとまかない費

前段で紹介した極端な貧困のなかで育ったケース以外でも、余裕のない家計状況で育った場合は、自分の小遣いは自分で稼ぐという自覚を高校生段階でもっている。高校時代のアルバイトは関西・首都圏では広く普及しており、それを小遣いにあてている。このようなケースの場合、学卒後の仕事も、高校時代のアルバイトと本質的に異なるものとは位置づけられていない。また、在学中もその後も、日常の小遣いだけでなく、事例17のように、車の免許取得など、特別な支出を自分でまかなっているケースもある。さらに、収入の一部を親に渡している者もいる。それは少額とはいえ、親にとってはなくては困る収入である。

事例17は、親の離婚・再婚・死別を経験し、複雑な家族関係のなかで、実家と祖母の家を行き来して暮らしてきた。親に頼れないばかりか、早い時期からまかない費を求められ、さらには定時制高校の奨学金さえ親のものになってしまうという状態であった。

事例41などは、中学卒業後は親の家においてもらう以外は親に頼ることのできない状況であった。事例46は、父親と離別して家計は厳しい。パチンコに興じて家庭を放置している両親のもとで、早くから親に頼れないことを察して行動してきた者もいる。

【事例17】（一九歳・定時制高卒・男性）

（親の家と祖母の家を行き来している。高校の時のアルバイトの月八万ぐらいは）家にいるのが長いときは家にちょっとお金を入れて、おばあちゃんちのほうに多かったらおばあちゃんちのほうに持って帰る。（お小遣いは？）僕は全然ですよ。（月決めでもろうたりしてるわけではなく？）はい。（言ったらくれるの？）おばあちゃんにもらってました。（笑）（お金を家に入れているのは？）それは何か…。善意…。何か、普通に…。（友達とは）あんまりそういう話はしてない。（お世話になっているから、何がしかを入れておかないと、と自分で思って入れ続けている？）はい。（おばあちゃんは）ありがとう、うれしいわとか。だけど、もう（親の）家には全然入れてない。

【事例41】（二二歳・高卒・男性）

（高校時代はお小遣いとかって親からもらったりしてたの？）ないですね。高校入ってからまったく何ももらわないです。ご飯もらうだけです。

【事例46】（一九歳・高卒・女性）

（高校時代のバイトは？）家にお金入れようと思って。中学卒業する前から、高校入ったらバイトしてやって。ずっと言われてて。うん、するって言ってて。家にお金ちょっとでも入れてほしいけど、みたいな話をお母さんがしてて、わかったって。

これらのケースほど家計が困難でない場合は、高校が終了した段階で、また、たとえ進学した場合でも、アルバイト収入を家計に入れているのは当然と認識するようになる。その金額は一万円から三万円程度であるが、この金額は彼らの収入額からみて限度なのであろう。親やきょうだいから、出すようにとはっきり言われている場合もあるが、言われない場合でも、本人はそうすべきであることを自覚している。それだけ家の経済事情を察しているのである。これらのケースは、家計が苦しく、高校時代もアルバイトで自分の小遣いを工面しているのが特徴である。なかには、親に数万円を渡していた者もいる。親には頼れないという自覚が早いうちからあり、高学歴層に比べると、経済的には早期に自立しているといえよう。

高卒後、進学する経済的余裕はない。卒業後は、収入の一部を親に渡している。専門学校へ行っている場合も、親に頼れるのは授業料だけという状態である。収入が少ないので親からまかない費を免除されている場合もあるが、収入が増えれば入れなければならないと本人は自覚している。親にまかない費を入れるかどうかは、当人の年齢も関係していると思われる。一七歳の事例は、今のところ親から免除されている。しかし、高校を卒業すると払うのが当然となるようである。二四歳の事例、一九歳の事例のように、収入が少ないため免除されることもある。（掲載省略）

〔事例37〕（一九歳・高卒・男性）

（就職するとき、学校の先生とかが？）いやもう「近いとこ、金、いいとこ」いうくらいで、僕が自分で決めたところです。（家から小遣いは？）もうバイト始めてからは、ほんとにもらってないですけど。（二重取りは？）そこまで、できなかったです。ほんまに。（お金は今）ちょっとだけですけど、家には入れるようにしてますけど。（お兄さんは働いて、家に入れてはる。当然やね。それまでは結構大変ですよ？）そうですね、兄貴が卒業するまでは。（そんなん、見てきてはるから、ちゃんとアルバイトのお金入れてはるんや？）ほんまに、それぐらいはしとかんと。（アルバイトしてはって、そのお金は今、なんぼか家に入れて、後は生活費はまあ飯くわしてもらったりするから、あとはもう自分の小遣いで？）そうですね。（さっき言わはった一〇万円ちょっとやな、家に何ぼくらい入れてはるの？）三万円。

親のなかには、お金さえ入れれば、職業形態は何でもよいとする者もいて、子どもの就職に関心がない。このような家庭環境の反映で、長期的な見通しをもって職業選択をしたり生活設計を立てることよりも、当面お金が入ることを優先させ、刹那的にアルバイトを重ねるという傾向が見られる。

2・4 子どもへの無関心・放任

学校時代の学業への姿勢は、親の教育方針・養育態度が関係している。同様に職業選択、その後の職場への適応においても、それまでの期間に子どもの職業選択に関して親がとってきた姿勢・態度と無関係ではない。また、生活設計に関しても同様の指摘ができる。

関西の場合、子どもに対する親の態度は無関心と放任という特徴をもっている。進学や就職に際して、そのことに関心をもって子どもと話し合ったり助言したりすることがない。親からは「なにも言われなかった」が特徴である。概して、親から何かを期待されたという経験がない状態で育ってきたため、職業選択においても、とくにやりたいことがない状態である。しかし、「やりたいことがない」ことを悩むこともないのは、大卒フリーターと異なる点である。結局、「お金さえ入れば、何をやってもかまわない」という認識がある。

子どもの教育成果への無関心

低学歴層の場合、勉学に関しても職業選択に関しても、親の期待はおどろくほど少ない。本人は、子どもの頃から親に何かを期待されたという記憶がない。父親とはコミュニケーションがほとんどない。また、日常的なしつけに関しても、「なにも言わない」親が多い。そうでない場合は、一方的な叱責というやりかたのため、子どもは親を恐れて口をつぐんでいる。学卒時の就職に関しても、親は「何も言わない」「お金さえ入れば何も言うことはない」という態度である。

事例４は親から勉強に関して何か言われた記憶がない。両親はパチンコに熱中していて、食事すらつくってくれたことがない。事例38もそれに近い。

【事例４】（二〇歳・高校中退・女性）

（両親は勉強についてなんか言ってましたか？）ゆってたんかなぁ。（記憶にない？）全然記憶にない。（両親は口やかましく、しつけとか言わなかった？）うん。（好きにやらしてた？）ほったらかしっていったほうがいいんかなぁ。（お兄ちゃんに対してもほったらかし？）そんな感じかなぁ。たぶん。両親パチンコ好きやねんなぁ。だから仕事終わったら（パチンコ？）あんまし相手にされた記憶もないし。

【事例38】（一八歳・高卒・女性）

（小学校・中学校の頃、お母さんから勉強面では何か言われてましたか？）うーん、あんまり、言われなかったと思います。（記憶にない？）うん、あんまり勉強のことは、あんまり言わなかった。（将来のことについては？）うーん、なんか、うーんと、とりあえず、なんか自分が、まぁ、できる仕事があったら、なんかそれやったらいいんじゃないみたいなそんな感じ、かな。

関西では、専門学校へ進学したのは（事例12）一人しかいない。進学を希望する気持ちがあまりないのは、それまでの学校生活において勉強が不得意であったり、怠学傾向が著しかったからという背景がある。

【事例28】（一九歳・高卒・女性）

そうですね。卒業したら専門学校に行きたいなという感じ。でも、親に、どうせあんた、専門学校に行っても、今みたいにサボるだけやねんから、そんなんやったら行かんほうがいいみたいに言われたんですよ。ほんまに料理の勉強したいんやったら、どこかに、見習いで就職か何かして、勉強して調理師の免許とりなさいという感じ。

また、この事例28は高校までの怠学が著しかったため、親は進学を認めなかった。専門学校に進んだ事例12も、授業についていくことができないことを、親にも納得されて中退している。このような場合、高学歴層と違うのは、子どもだけでなく親にも、進学に対する強い願望が見られないことである。

〔事例12〕（二〇歳・専門学校中退・女性）

（*お母さんに進路のことについて十分相談したんですか？*）そうですね、一回やめて、やめたって言っても、専門学校行ってたときに、勉強が不十分やったから、二年生に上がることができないんですよ。それやったら留年するかやめるか、どっちかみたいになって、絶対嫌やと思って、絶対留年はしたくない。友達が二年生に行って、私がまた一年生。年下の子と一緒になるのが嫌なんですよ。絶対嫌や、それやったらやめると思って、どっちみちこんな学校も行きたくないし、もういいわと思って、もうやめて、お母さんともいろいろ話して、「もうそれやったらやめていいよ」って言うてくれたし……。

子どもの就職への無関心

関西の中卒、高校中退、高卒者を見ると、親は就職に関して、子どもに何かを語るということがない。事例1、事例17は、日頃から父親と会話をしたことがない状態で、就職の話などする関係ではない。

〔事例1〕（二四歳・中卒・男性）

（高校へ行って、その先どんな仕事についてほしいとか、そんな期待は聞いたことがありますか？）ないですね、あんまり。おばあちゃんが死んで、おやじと二人っきりになって、そこからまた再婚になるという話で、そこからもうおやじと会話がなかったです、ずっと。

〔事例17〕（一九歳・定時制高卒・男性）

（高校を卒業するとき、お父さんお母さんから話はなかったんですか？）そうです。「一応探しや」、それぐらい。「わかった」とか。（正社員のような仕事を？）があったらいいなというか…。お父さんとは全然しゃべらない。ちっちゃいときから。何かしゃべられへん。怖いというのはあんまりないけど、お父さんとしゃべれないんです。

事例18は、親が子どもを「めちゃあほだったから就職もできへんのちゃうか」と感じているように、子どもに関して匙を投げている。どの例をみても、親が就職に関して何も言わない状態にある。職に就くという課題に関して、親には子どもを社会化する力がないのである。

〔事例18〕（二〇歳・高卒・女性）

（将来はこうなってほしいといった話は？）別に。「高校はちゃんと卒業して」とは言われていたけれども。進路を決めるときに、服屋の店員になりたくて、「学校からの就職はせえへん」と、親にも先生にも卒業の大分前から言っていて、それで何もせえへんかったし、お父さんもそのときは別に。めっちゃあほやったから就職もできへんのちゃうかという感じやったし、就職前とかになったら化粧とか服装とかも学校でめっちゃ言われるじゃないですか。だから、そんなのもうざかったし、就職をする気もなかったし、それは親にも言っていたから特に何をしろとは言われなかった。

〔事例38〕（一八歳・高卒・女性）
（具体的な仕事については？）ない、な、この仕事をしてほしいとか、そんなんとか、ですか？それは全然ないです。（仕事はするもんだよ、っていう感じ？）うんうん、そうです。（お嫁さんに行きなさいとかは？）そんなことは、うん、あまり言わない。（今の状態についてお母さんはなんか言ってます？）いや、言ってないです。（今後のことについては？）あんまり、言われてないですね。なんか就職、いいのあった？　みたいな。（今までで仕事の話をお母さんとしたことは？）覚えてないです、はい。（本人が気にしてるの、よくわかってるからかな？）さぁーどうやろ。

無方針と放任

学業や就職に対する親の態度を見てきたが、学業や就職以外の日常生活において、親は子どもにどのような態度をとっているのだろうか。とくに、家庭において守るべきルールやしつけに関して親はどのような態度や行動をとってきたのだろうか。

学業や就職において見られた無関心や放任という態度は、当然、日常生活においても見られるものである。事例17は、離婚・再婚した親の家と祖母の家を行き来して暮らしていて、親とは感情の点でもコミュニケーションの点でも断絶に近い状態である。事例6は父母が不仲で、父親のことを嫌い会話がない。事例4は両親がパチンコに興じている。

〔事例17〕（一九歳・定時制高卒・男性）
（お父さんとお母さんは厳しいんですか？）全然。勝手にしろっていう感じです。（放任で？）はい。

（幼い頃からしたいことをすればいいと言われてた？）全然ないです。

〔事例6〕（二〇歳・定時制高中退・女性）

（小学校のときとか、おうちで教えてくれたりとかそういうことはなかったですか？）うん。（しつけのことで何かよく言われたことがありますか？）しつけ？　あまり言われない。覚えていない。（叱られるようなことはしなかった？）してた。お父さんは全然言わない。（お母さんは何やったときに言われた？）万引き。万引きのときは、お父さんにも怒られた。（お父さんはお兄ちゃんには怒る？）ううん。（お母さんから将来の期待などの話はありますか？）ない。（小さい頃から？）覚えてない。

〔事例4〕（二〇歳・高校中退・女性）

お母さんは、学校の給食の仕事が終わったらすぐパチンコ行ったりとか。（お母さんもあんまり家にいなかった？）うん。帰っていいてる形跡はほとんどない。

〔事例37〕（一九歳・高卒・男性）

ほんまに。全然何にも言わないんで。（もともと、お母さんあんまりうるさくない。）そうですね、何も言わん人です。

放任型の親は、子どもの学業・就職に対して無関心で、放任に近い状態がある。学校での業績に無関心で、職業選択に関しても無頓着である。お金が入ればそれでよい、という感覚がある。親子の間に意思疎通のない家庭があり、時には一方的な叱責で事を解決しようとして、子どもの反発をかっている。これらの家庭は、子どもを職業へといざなうという社会化機能を果たしてはいない。

2・5　親子の会話・行動・情緒的絆

ここでは、親子がどのような関係にあるのかをコミュニケーション・共有時間・情緒的絆などの側面から見ていく。

意思疎通のない親子関係　放任型の場合、先に見たとおり、親子の経済関係で見ると、対象者の多くは早期に親から経済的に自立する傾向が見られる。相互作用の点では、家族間のコミュニケーションがない家庭、とくに父親との断絶が目立つ。

事例3は母子家庭であるが、親子・きょうだいの間に会話はほとんどないという。学校時代から放任の状態で、高校の三者面談に母親が来たこともなかった。

〔事例3〕（一七歳・高校中退・男性）

（*お母さんとは話しする？*）せえへん。ずっと自分の部屋におるから。（*弟とは話しする？*）別の部屋。だから、弟ともしゃべれへん。だから、弟が学校行くときはもう寝てるし、帰ってくるころにはバイト行ってるし、帰ってきたら、大体寝てるし。

事例39の父親は、子どもに対して言葉をかけることがほとんどない。それでも、高卒後就職した会社が自分には合わなくてやめたいと悩んでいた時、父親から、「なんかすごい泣けるメールがきてしまって」、それははげましのメールだった。めったに言葉をかわさない父子だが、このことは印象的な出来事で、今でも思い出すと泣けてくるという。

〔事例39〕（一九歳・高卒・女性）

（お父さんとは）仲良くないです。ほとんどしゃべらないですね。（嫌いだから？）もともとちっちゃい頃からそんなにしゃべらなかったですけどね。なんか大体同じ部屋に、部屋がこうあって、真ん中がふすまなんですよ。で、こっちにもテレビあるし、あっちにもテレビあって、もう、一緒に見るとか絶対ないし。だからこっちとあっちで、同じテレビがかかってて、別々で見てる感じ。電気代もったいないけど、でも、一緒に見るとかあり得へん。（なぜ？）えー？　あり得へん。なんかもう自然と。なんかちょっとした他人みたいな感じ。なんかちっちゃい頃から。（お母さんとは）いっしょになんかスーパーとか行ったりはするけど、基本的にはあんまりしゃべらんかな。

事例4は、両親が仕事の後はパチンコ屋にいりびたりで、放置に近い状態だった。

〔事例4〕（二〇歳・高校中退・女性）

（お父さんとは？　あまりかまってくれなかった？）うん。あんまなかった。寝るのが一緒なくらいかなぁ。だから、職場から帰って、家におることは全然なかったかな。（お父さんが？）いや、お父さんは仕事で遅くなるけど、仕事終わってから家に一度帰ってくることがなくてそのまま直接パチンコいったり、けっこう飲みに行ったりとか。

これらのケースのように、小さい頃から親子のコミュニケーションがほとんどない状態のもとでは、教育、就職その他、生活全般にわたって、親から子へと教えられるべき重要な事柄が何ひとつ伝えられないといわざるをえない。学卒後の職業選択が重要なイベントとして認識されていないのも、ここに一因があるといえよう。

親の放任・無関心・抑圧による親子の断絶

事例4、事例28、事例22の例は、放任・無関心と、強硬な抑圧の入り混じった親の態度を示している。親子間に言葉による話し合いがない状態で、ある出来事（たとえば夜遊び）に対する一方的な叱責と、それに対する子どもの反発があるだけである。

〔事例4〕（二〇歳・高校中退・女性）
（そういうふうに家出したり、友達んとこ泊めてもらったりってことを、お父さんやお母さんになんか怒られたりとかそういうのはなかったかな？　それともまう好きにしてって？）ごっつい怒られたかな。ごっつい怒られて、その怒られたのがむかついて出て行く。（たまに帰ってきたらまた怒られてってそういう？）そう。最終的には親もあきらめた。言っても一緒やわって。

〔事例28〕（一九歳・高卒・女性）
門限とかめっちゃ厳しかったっすよ。破りまくっていましたけど。めちゃめちゃ怒られましたね。何言っても怒られるんで。ひたすら終わるまでじっと、すみませんみたいな感じでしたね。

〔事例22〕（一九歳・高卒・女性）
ぼこぼこにしばかれました。それの繰り返しで。しばかれるから出て行く、また引きずり戻される、またしばかれる、の。お父さんは、そのあんまり一緒にいてる時間がないから、ほんでそんなにしゃべらへんかった、中学の時には、どっちかというと。今となってはしゃべるけど。だから、もう、そないに頭ごなしに、ま、怒ってけえへんし。理由とかもお父さんは、聞いてくれるけど、お母さんは、あのなって言うた時点で、もう、手飛んできてて……（笑）。人の話いっこも聞いてくれへんから、お母さん恐い。

家庭環境に恵まれず、親の放任や理不尽を経験してきた事例23は、親を否定する気持ちをもっている。

〔事例23〕（二一歳・高卒・男性）

（理想の大人は？）身近……、そうですね。いてなかったですね。おやじのようにはならんとこうとは思ってました。（何で？）さっきも言いましたけど、借金、かなり多かったんですよ。（何の借金？）わかんないです。おやじのようにはなりたくない。（お父さんの職業が嫌？）そういうのはないですけど。ただ、おやじを性格的に、あまり尊敬できなかったんです。中途半端なんですよ。そういう面においては、兄のほうが信用というか、尊敬してたんですね、おやじよりは。

早すぎる
妊娠・出産

早すぎる妊娠・出産を経験した三人は、いずれも家庭環境に問題をもっている。事例4は両親がパチンコ狂で「あんまし相手にされた記憶もないし」という。

〔事例4〕（二〇歳・高校中退・女性）

一六のときかな。友達の紹介で付き合った子がおって、ほんでその付き合った子の子どもをお腹にはらんでしまって、まぁ産む前に別れたんやけど。んで産んだと。一七歳の五月くらいかなぁ。五月に子ども産んだと。だから子どもも別になんていうんかなぁ、ノリで産んだみたいな感じがあって。まわりの子らが産んでるから産みたいみたいなノリがあって。実際産んでみたらなんで産んだんやろとか。こいつがおるから遊びに行かれへんとかなって。そんなんあって家出とか。ま、三時間に一回とか泣くやんか子どもって。

事例22は、高校時代に怠学傾向のグループと接触して、「急にぷつっていったんです」という状態になった。彼女の両親も若い頃、学校では相当の「悪」で、警察に補導されたこともある。

〔事例22〕（一九歳・高卒・女性）

（卒業して、予備校は途中でやめて、ずっと）アルバイト。（手をけがしてやめて）それと、結婚するていう話が出てたんで、（大笑）子ども、子どもができて、できちゃったになる、て言って。で、話も全部進んでて、先月先々月進んでて、うまい具合に行きそうな時に手けがして。で、ま、そのレントゲンとかバシバシとらなあかんし、仕事もせなあかんてなって……今回はまだ若いんやし、ていうんで、お腹の子には悪いんやけどあきらめなさい、て言われて……。で、子ども堕ろして、ま、結婚の話は延びてしまった、と（笑）。いろいろあるので……。

事例46は小さい頃親が離婚して母子家庭である。学校時代、勉強はまったく苦手であった。高校入学前から、母親にアルバイトをしてほしいと言われている。母親は、勉強に関してもしつけに関しても「何にも言わない人なんですよ。決めるときとかでも好きにしいやっていつも」（ほんなら躾とかでもそんなにうるさく言わはる人ではないん？）「けっこうほっとかれますね」という人である。

〔事例46〕（一九歳・高卒・女性）

（アルバイトしていた期間は）二ヵ月くらいかな。子どもを堕ろして、それで手術するのに、辞めなしゃーないから。立ち仕事はしたらあかんって。（お母さんも）知ってる。びっくりしてた。（子どもができた時の彼氏は？）五つ上の人。お母さんつながり。お母さんがパートしてたところのバイトの人。飲み会につれていかれて、そのときに知り合いになった。（すぐつきあいだした？）けっこうすぐ。

これら三人の女性たちは、事例4の表現によれば、「まわりの子らが産んでいるから産んでみたいみたいなノリ」の感覚で妊娠・出産している。

放任型の低所得家庭には、意思疎通のない親子関係が多く見られる。早すぎる妊娠や出産もそれと密接な関係がある。成長過程で、教育、キャリア形成、社会的関係などに関して、親から得るものがあまりにも少なかった状況が、成人期への移行において重大な影響を与えている。離家に関していえば、不安定な就業状態からいって、親の家を出ることは経済的には無理というのが実情である。しかも離家に関する願望は、必ずしも強いとはいえない。また、地元志向が強く、外へ出ようという意識は薄い。

3　就職難に翻弄される高卒家庭の実態（類型Ⅱ）

家計事情から進学を断念

東北の例は、経済の好調な時代なら高校を卒業して難なく就職できた普通の若者が、近年では就職することができず、家庭の経済事情から、進学をして時間を稼ぐという選択もできない状態にあることを示している。

事例26は、家計に余裕がないため進学できず、希望する職種は求人がないため、パートで働いている。親は、「こんな時代だからしかたない」と納得せざるをえない。事例43は高卒後、四月から運送会社に正社員として入るが、朝六時から夜中近い勤務で、一月に退社を余儀なくされた。その後はいい仕事が見つかっていない。山形のように地域経済の悪化した状況下にあっては、親は子どもの厳しい就職事情ゆえに、無業やフリーターでいる娘や息子を寛容に受けとめるしかないのである。

〔事例28〕（一九歳・高卒・女性）
料理関係の専門学校に行きたかったんですよ。でも、親に反対されたんですよ。お金かかるじゃないですか。そのころ、おばあちゃんち、建てかえか何かしたんかな。で、その家のローンも払っているのもあるしというので、親にやっぱり悪いなというのもあったから、行くのやめたんですよ。

〔事例26〕（二〇歳・高卒・女性）
やっぱ経済的にちょっと余裕がなかったっていうか、親としても就職のほうを希望してたというのもあって。*（それは言葉としてちゃんと言われたの。親も「就職してほしい、いいんじゃない」とはっきり言われた？）*はい。「進学だとお金がかかるから」って、「なるべくなら進学よりも就職のほうしてほしい」って言われたんで、自分の中にも就職したいっていう気持ちがあったんで、それには全然反対とか反抗とかしなかったんで。*（お母さんは、今のあなたのこと見て何か不安に思ってらっしゃる？）*どうなんですかね。やっぱ「正社員のところで働いてもらいたい」というのはあるみたいですけど。とりあえず仕事があれば、「今はいいかな」っていう感じですかね、こんな時代ですから。

〔事例24〕（一九歳・高卒・女性）
でも、下の弟ふたりが「進学したい」みたいなこと言ってたから、それも少し考えて、もう専門学校はいいかなって。*（あ、ちょっと遠慮したっていうか。二人だもんね。）*お金が大変かかる、ね。*（ご両親は専門学校に行きたいんだったら費用は出してあげるっていう話だったの？）*多分。詳しくはそういう話はしてないけど、「やりたいことしなさい」っていうことはそうかなって。

〔事例43〕（二〇歳・高卒・男性）

やっぱりそこは「早く仕事しろ」って言う。（それは、はっきり言うのね。「いいかげん仕事探してるの」とか、どんな言い方するの？）そんなきつくはないですけど、はい、「早く探したほうがいいよ」とか。軽い感じで。（親も別に東京に行けとも言わない、残れとも言わない、好きなようにしていいよって？）行けとも残れとも言わない。

高卒後、スムーズに定職に就くことができた時代には、彼らの家族の家族周期段階は、生涯でもっとも経済的余裕のある時期であった。子どもの教育期間が終わり、まだ現役の親と、働き始めた子どもの収入を合算すると、それまで貧しかった家庭でもようやく息をつくことができるようになったのである。しかし、近年の雇用悪化のなかでは、子どもの収入は、「栄華の峠」（鈴木栄太郎）をもたらすには脆弱すぎるのである。

4　期待はずれに直面する教育志向家庭（類型Ⅲ）

大学進学が前提の家庭環境

首都圏の高学歴の親は、高卒後の進学を当然と考えていて、学校での業績に対する強い期待がある。親がサラリーマンだからそれ以外の職業選択を考えたことがないという者が多い。家庭にも学校にも地域にも、大学に行くのは当然という雰囲気があり、親の期待は時には圧迫となり、悩みとなり、親子間の葛藤を生じている。教育に関する競争的環境のなかで、時として「なぜ学ぶのか」「学んでどうするのか」を考えることなくやみくもに勉強した結果、いざ就職という時点でつまずくことになっている。

事例30は、高校進学で不本意に女子高校へ進学したが、本人の意思に反して高校で附属短大コースに入れられたため、それに従わず放送関係の専門学校への進学を選んだが、その後に定職に就けないことに悩んでいる。

〔事例30〕（二四歳・技術専門学校卒・女性）

特に何も言わないで、むしろ私のほうが変に思い悩むというか、きっとこう思ってるんだろうなという、プレッシャーはありましたね。あまり私、親から言われているので、自分にあまり必要ないものは多分聞いてないかもしれないいんですけど、うるさいなみたいな感じ。もしかしたら大丈夫と言ってくれてるのかもしれないですけど、でもそんなにあまり、「わあっ」て言うタイプではないんです。（*親は基本的には好きなことやらせてあげようという感じ?*）だと思います。

事例35も、大学進学が当然という環境のなかで育ち、塾や家庭教師の指導も受けている。浪人して大学入学、しかし、祖母の死をきっかけに気力を失い、卒業後、就職せずに一年間ワーキングホリデーを利用してニュージーランドへ行ったあと帰国し、アルバイトをしている。

〔事例35〕（二五歳・大卒・男性）

（*それって、高校生のときもそうだったの?*）高校のときも…。（*高校のときもまだずっとおばあちゃん子だったの?*）大学行く、進学というのは、もううちでは当たり前だったと思うんで、自分もそう思ってたし親もそう思っているんで、浪人したときは、何とか浪人させてくださいっていうふうには言ったけど、親も大学進学は当り前だろうみたいな感じだったんで、適当に浪人させてもらって。もうほんとにずっとおばあちゃんで、もうおばあちゃん子だったんですけど、それが大学二年の春に死んじゃって。それから、すごい考え方が変わったというか、何か就職とかも、大学卒業したら就職しなきゃいけないのかなみたいな疑問を感じるようになって。祖母の死と事故ですね。

教育費負担のジレンマ

首都圏の高学歴層は、経済的には子どもを進学させる余裕のある家庭が多い。子どもの教育にお金をかけるのは当然とされているが、父親の収入だけでは十分とはいえず、母親の再就職（パート）は教育費をまかなうために避けられない状態である。子どもの学業上、あるいは就職上のつまずきは、家計を圧迫する原因となっている。

事例8は、親もきょうだいも大卒で、本人は大学が合わず中退し、その後専門学校に入った。進学するのが当り前の家庭環境で、教育費は家計にとって避けられない費目であった。

【事例8】（二四歳・大学中退・男性）

（ご家族は？）両親と弟が。（*弟さんがいらっしゃるんだ。*）はい。今、大学生。（*ご一緒に住んでらっしゃるの？*）はい。父はずっと同じ会社で、大学出てから同じところに。最初、会社の本社みたいなところに入って、それから本社から出向。それからまた最近、別な会社に、また関連会社に異動してサラリーマン。（*お母さんは専業主婦？　パートか何かなさっているの？*）結婚してからぐらいかな、弟が小学校に上がったらちょっと働くって言っていたら、たまたま近所の会社に、そこから来てくれって言われて、税金のこととかあるから、ぎりぎりのところで○○時間だけということで、ちょうど半分ぐらいの時間におさまるような働き方。

事例2は、学歴に対する期待の強い家庭環境で育ち、姉も大学を卒業している。しかし、中学一年から学校に居場所がないと感じるようになり、いじめもあって不登校になり、二年間の不登校の後、フリースクールへ通った。しかしフリースクールの費用がかさみ、姉の教育費とも重なり、家計が逼迫した。この頃から母親は再就職して働いている。

〔事例2〕（二二歳・中卒・男性）

自分がそういう経験だったから、子どもにはすごく大学まで行ってほしいとか言っているみたいです。ただ、姉にはすごくお金をかけたりとか……。家庭の状況というより、そのころは世間がそういうふうになっていたから……。子どもは小学校に行って、エスカレーター式に学校……、その教室みたいなのができていた。

小学生のうちはまぁまぁでしょうかね。成績だけはよかったから。（お父さんの期待があったんだ？）そうでしたね。申し訳ない気がしますけれども。（小学生の頃、友達で「君は高校行くの、僕は行きたくない」と言った人がいて）今でも記憶に残っているから、かなりセンセーショナルだったんですね。姉がいて、姉がもう普通にそれなりに優等生で、大学まで行って結婚してますから、そういう姉の生き方みたいなものが自分の中にあって、圧迫していたのがあったようなものかもしれないですね。漠然と普通に生きるのはつまらなそうだなとは思っていたみたいですね。（フリースクールの最後の一年間ぐらいは）毎月東京まで通って、すごい定期がかかるんです、学割きかないし。それで、親の経済状況のほうが悪くなったので、交通費を節約するために行かないでアルバイトをしていたりとかです。

言われました。とにかくお金がないからフリースクールをやめなさいと、それははっきり言われました。（フリースクールをやめる）一年前ぐらいに言われて、わかった、やめるけど、もう一年だけ行かせてくれと言って、行く日をすごく減らして、交通費をかからないようにしたり、アルバイトをしながら…。（じわじわと…？）むしばんでいきました。

（そういうお金を出していくのはある程度無理だなと）その当時から普通に思ってましたね。フリースクールを卒業するときに専門学校はどうかなとか思ったりして、どういうところがあるかなと調べてみたんですけど、どこも何百万とお金がかかるので、自分でそれをとるのは大変だし、親に頼んでも出ないからなと思っていたので、とりあえずアルバイトをして……

期待はずれの葛藤　高学歴層の親は、大学へ進学してよりよい職業に就くという人生コースを勧めている。子どもはそのような親の期待を受けとめて励んだり、プレッシャーを感じて悩んだりしている。最終学校が終わったら一人立ちするだろうという見込みで教育投資してきたこれらの家庭は、期待と予想に反してフリーターや無業者となった子どもに不安と失望を感じながらも、追加的な経済援助で乗りきろうとして、ジレンマに悩んでいる様子がうかがわれる。

事例35は大卒後、ワーキングホリデーで海外へ行くにあたって、費用を親から「借りた」例である。親に経済力があり、大学卒業後も体験や資格取得のために経済援助できる親がいれば、難局を乗り切ることができるのである。高校進学や専門学校進学もままならない類型ⅠやⅡの家庭とは大きな違いがある。

〔事例35〕（二五歳・大卒・男性）

（今年の一月から。で、ニュージーランドに一〇月から行くまで、卒業して、しばらくそのパチンコ屋でバイトして、お金稼いでってこと？）金稼いで、そうですね。（それで、ニュージーランドに？）でも、全然足りなかったので、親に借りたんですけど、ちょっと行く前に借りて。ちょっと用があって、最初、二月ぐらいに行く予定だったんですけれども、時期を早めて。

事例39は、就職の困難を乗りきるための教育その他の費用を親が出すことができる状態にあった。それでも本人が進学を選ばなかったのは、それ以上勉強することが好きではなかったことなどの理由からである。

【事例39】（一九歳・高卒・女性）
貧乏じゃないですよ。（生活は苦しく）ないです。どっちかっていうとお母さんは、あたしが迷ってたら、大学行ったら？　とか言うような感じでしたけどね。お金はまぁあったみたいですけど、なんかやっぱり何百万とかガクッと減るとか考えたらなんか、やっぱどうも行きたいとも思われへんし。（授業料、結構するし？）そういうとこは別にいいって言ってたんですけど、別にめちゃめちゃ行きたいわけでもないのに行くのもなんかなぁと思って。

5　複雑な事情をかかえる家庭（類型Ⅳ）

社会階層とは関係なく、家族内の複雑な関係の重荷を背負う若者がいる。どの例も、独立するには早すぎる年齢にあって、立ち向かうことのできないほどの重荷を背負っていたと言えよう。そのことが、学校中退、精神疾患、極度の貧困などの原因となり、また職業選択や職場への定着において、明らかに障害となっている。

事例50は、長期にわたる祖父母の介護後、両親があいついで病気で倒れ、母親は死亡している。両親・祖父母・姉という家族構成だったが、両親の不仲、借金、経済的苦難、長期にわたる祖父母の介護問題、その後の母の病死というように、移行の時期に不幸にもそれらの重圧を一身に負わざるをえない状況に立たされ、就職どころではなかったのである。事例17は、両親の離婚・再婚のために複雑な家族関係のなかで居場所を失い、祖母のもとで育った。

〔事例50〕（二五歳・専門学校卒・男性）

高校のときに、離婚するかしないかという話が出てきて、姉もおれも、離婚していいよって母親に言ったんだけど、おれの進路が、おれの就職がって言って、離婚しなかった。（じゃあ、お母さん、我慢したの？）何で自分のためにやらないんだって。（お母さんとしては我慢して、離婚やめたの？）したいけど、向こうが嫌だというのもあったし。そんなにしたくないんだったら、おれたちが無理やりしてやるみたいな感じで。もう父親が帰ってきたら、「出てけ、出てけ」って。（別居してたの？帰ってきたって、別に別居してたわけではないの？）もう中学のころからずっと別居してたっていうか、別居だよね、ほんとに。帰ってきたくなかったって言ってたから。

（おじいちゃんが一緒に暮らしてたの？）はい。（おばあちゃん……。おじいちゃん、おばあちゃんと一緒だったのね？）ええ。（で、おばあちゃんが先に亡くなったんだっけ？）はい。小学校でいじめられているときに、亡くなりました。（そのころに、おばあちゃんが亡くなったんだ。で、おじいちゃんが亡くなったのは、もっとずっと後で、看病疲れでお母さんが亡くなったんだから……。）三年前です。（じゃあ、ほんとに立て続けだね。おじいさんが亡くなって……。）母親が亡くなって、で、姉もいなくなって。（お姉さんは、これは結婚して……。）

〔事例17〕（一九歳・定時制高卒・男性）

（再婚するまでおばあちゃんの家でずっと育てられていたと？）そうです。（いくつぐらいまで？）それは小学校一〜二年のときまで。（お母さん、お父さんと？）一回、住み出したんですけど、合わなくて戻りました。（血のつながった兄弟は？）上にいますけど、全然別に暮らしているんで。いないです。僕の産んだお母さんのところに。（一人だけお父さんのもと、おばあちゃんのところに残った？）そういう感じ。

事例21は家庭内不和と父親の死亡、母親の精神病、という環境のなかで、自分自身うつ状態になりひきこもりを経験する。

〔事例21〕（三二歳・高卒・男性）

（そうすると、お父さんが亡くなったあとお母さんが一人で働いてというかたちになったんですか？）それが、そう簡単にうまくいかない。働いてないんです。（そうすると、何か保護を受けるとか、そういうようなかたちなんですか？）その手もあったと思うけど、お母さんの母が戦争経験者ですので、パンの支給とかあっても、おなかすかしていても捨てちゃうような人だったんですね。（ああ、そうなんだ。そういうものは受けたくないというタイプだったのね？）（アルバイトで稼いだお金はどんなふうに使っていたの？　例えば自分の食事とかなんか、そういうこと?）食事、洗濯、あとおふろ。自分の役割。家庭内の役割がその洗濯、おふろ。人のはやらないけど、自分のだけなんですけど。あと、洋服買ったり、そんな感じです。（待って待って、洗濯、おふろと言ったのは、自分用でふだんも家でするという話？　それともクリーニング代金なの？）コインランドリー代です、ごめんなさい。（あっ、コインランドリー代ね。なるほど。）おふろは、故障してて直さないから銭湯まで行っていたんです。（ああ、なるほど、そういうことなんだ。食事というのは、朝とか晩も含めてという意味なの？　そのころ、ちなみにお母さんはご飯の支度とかしない状態だったの？）支度はしていました。一応インスタントラーメン五個入りのやつを一袋テーブルの上に置いてくれて、つくりなさいという感じなんです。ご飯は、ノリとオカカをつけて、自分が食べるようなご飯は出してくれました。（そのぐらいの食事だけを用意してくれるという、そういう感じだったのかな?）はい。（それ以外のものは自分で買って食べる?）そうです。

（そういうような家庭環境になったのは、もうずいぶん前からなの？　中学のころからはずっとそんな感じだったの？　そうすると、あなたが高校に進学するころというのは、もうご長男、次男の方も社会人になっていましたよね?）そうです。（もうそれぞれ就職されていた?）一応はしていましたけれども、あちこち転々としていたということはありました。一番上の兄は私立の高校へ行ったけど、中退してしまったんで、もう一度学校に行きなおそうということで、夜学に通っていました。僕が高一ぐらいからだったんですけど、四年間通っていたんです。二番目の兄はいろいろな仕事をしていました。営業所でやったり、工場で働いたりもしました。警備の仕事も……。

6　親のとまどい・圧力・助言

安定した仕事に就いていない子どもに対して、親はどのような態度をとっているだろうか。先に紹介したように、子どもの就職に関してまったく関心のない放任型の親がいる一方で、子どもがフリーターや無業者でいることを非難し、定職に就くことを強く勧める親がいる。その役割を、親に代わってきょうだいが果たしている場合もある。しかし、そのどちらでもなく、内心心労をかかえながらも、寛大に辛抱強く見守っている親のほうが多い。ここでは、親のとまどい・圧力・助言など、親から子への態度や働きかけの実態を見ていく。

親の叱責を真っ向から受けている

事例45は、工業高校に行きたかったが親に反対されて普通高校へ行ったために勉学意欲をなくし、卒業後も兄の会社でアルバイトをしている。大手に就職することを願ってきた親に、「人生の負け組だ」となじられている。

〔事例45〕（二四歳・高卒・男性）

（*親は例えばどんなことを？*）一回就職してるから、フリーターじゃ情けないとか。それぞれみんな、妹は美容師の道に進んでそれなりに目標持ってやってるけど、あんたには目標がないって。（中略）就職していた時、もっと大きい会社で、うち来いや、そんだけ売るんやったらうち来てくれみたいなのがあって。（それなのにやめてしまったから）おまえは人生の負け組やって言われます。（お兄さんからは）むちゃくちゃ言われます。一緒のところで働いているじゃないですか。そんなんで就職できるの？　それで通るかって。しょうもないとこやったと思うんやけど。その時点で僕はもう終わってしまった。（建築関係に進みたいとお母さんに話はした？）してないです。

事例41は、最初は調理師をやめて定職についていないことを容認されていたが、時間が経つにつれて親の態度が変わり、厳しくせめたてられる状況にある。

〔事例41〕（二二歳・高卒・男性）

（お父さん、お母さんは仕事について？）最初は全然言わなかったんです。調理師見習いやめて、ゴロゴロしとけって言われて、ガードマンやってて。そろそろ決めよーみたいなことを言われ出したのが、倉庫に決まる前です。そのへんで倉庫決めてやめたときも、夜とか遊びに行ってんのとか、朝方帰って来たのが続けて見られたりすると言われます。そんなら貸さんぞみたいなことを言われましたからね。

事例51は離家して同棲中であり、ミュージシャンをめざしてフリーターをしているが、今後いっさいの責任を自分でとるよう、親から言い渡されている。

〔事例51〕（二二歳・専門学校卒・男性）

現在、親と別居して同棲中。（バンドのことをお父さん、お母さんは何も言わない？）そうですね。バイトをちゃんとやりながら……。高校のときのが効いているんでしょうね、きつく言えないというのが。いつも言われるのが、一緒に暮らしたり、お金を送ったり、そんなのはまったくいらんから、自分らは自分らでやってくれという感じで言われました。私らも私らでやるし、迷惑をかけへんし迷惑をかけるなよという感じで。それでも別に仲が悪いわけではなくて、彼女と二人で遊びに行ったりもしたりしているので、仲はいいですけど何も言われない。働くんやったら働いたらいいし、働けへんなら働けへんでいい。何でもいいけど自分らでやれと言われたんです。

やんわりとプレシャーをかけられている例

事例16は、卒業後のことを何も考えないまま、卒業して、そのままアルバイトを続けて二四歳になっている。「ゆっくり考えればいいかなって。行きたいところも特になかった。……（進学して）そのままやめちゃってももったいないないし、行くならもっと定まってから行ったほうがいいかなみたいな……」という意識だった。親はもともと進学を強く勧めてきたが本人はその気にならなかった。その後も親は毎年進学を勧め、資格をとることなどをアドバイスしているが、以前ほどは言わなくなっている。しかし本人は、二五歳を前にして定職に就きたいという気持ちがめばえている。

【事例16】（二四歳・高卒・女性）

これっていうのがないので、そこまで何か、取りに行こうとかまで……。（今の状況について両親は？）卒業して、三年ぐらいはずっと冬ぐらいになると「進学しな」って。短大とかって持ってくるんです。買ってきたよって。「見ない、見ない」っていう感じなんですけど、最近は、「結婚しないの？」って。アルバイトをずっと続けるなら続けなさいみたいな感じで。

事例14も、高校卒業時点で、やりたいと思うものがなかった。数ヵ月後に親のつてで正社員になるが、仕事が合わずやめて八ヵ月になる。親は定職に就くことを強く勧めている。本人も、適当な仕事があれば、正社員になりたいと思っている。

〔事例14〕（一九歳・高卒・男性）
もう、勉強したいとは思わなかったです。（じゃ、働きたいと？）遊んでいたいと思いました。（中略）かなり、うるさいです。（自動車整備工の専門学校はお金がかかると思うのだけど、もっと強い気持ちになったら行ける可能性はありますか？）はい、両親が出してくれるので。（ご両親から、「専門学校へ行ったら」というような話が出ることはありますか？）はい、「行きたいのなら出すから」と。（お父さんは厳しいですか？）厳しいほうですね。（今は、「就職しろ」とかうるさくおっしゃいますか？）はい、「出ていけ」と。

事例16も事例14も、学卒時には就職するだけの意識に達していなかった。親は定職に就いていて、経済的には安定しており、子どもが定職に就くことを終始期待し、必要なお金は出す気があり、助言もしている。このようなケースの場合、時間がかかっても、やがては定職に就きたいと自覚するようになっている。

事例30は、映像関係の専門学校を卒業して、映像・音響関係の仕事をしてきたが、どれも不安定なアルバイトで、期待したような定職に就くことができないでいる。就職二年後に母親が病気で倒れたため、彼女が看護をしなければならず仕事をやめた。こうして長いブランクを経た後、再びアルバイトとして再開したところである。親は高学歴で、子どもの希望に対して理解はあり、辛抱強く見守っている。

〔事例30〕（二四歳・専門学校卒・女性）
（今の状況について）お母さんはもうあきらめてるというか。なんか変なことで頑固で、やっぱり負けたくないというのありますので。お母さんはそれは言ってもむだでしょみたいな感じ。お父さんもはなから、だめだみたいなふうには思ってはないんですけど、社員には早くなってほしいとは思ってる。

事例35は、大学卒業後、ワーキングホリデーでニュージーランドに一年間行き、帰国後、アルバイトをしている。定職に就きたいという気持ちが強くあり、ヤングジョブスポットの相談員に相談したり、情報を収集しているところである。どんな仕事でもいいという気持ちではなく、納得のいく仕事に就きたいという気持ちが強いのであるが、親は、基本的には寛大に見守っている。

【事例35】（二五歳・大卒・男性）
親もそこまでは言わない。父が酔っぱらったときに、ちょっと。母もたまには「早くしなさい」ぐらいは言うけど。（全体としては、理解のある家族っていう感じですね。）（でも、心配していることはよくわかるから、伝わってきている？）そうですね。（お姉さんとかから、何か言われない？）すごいですよ。特に上の姉がすごいきつい性格なんで、すごい言われますね。下の姉にも何かちくちくは言われるけれども。（そうでしょうね。ずっと職場に入ってやってらっしゃるだろうから、やっぱり強い。それに、お姉さんが、働けというのですね？）もちろん、働けって。（正社員に早くなって、早く大人になれみたいな。）そうですね。

心の悩みと親子の葛藤

事例10は、弁護士になる夢をもって法学部に入ったが、勉強しない学生たちの雰囲気に嫌気がさして退学し、心のバランスを崩して現在に至っている。インタビューからは、多少過保護ぎみとはいえ、親の心労が読みとれる。

〔事例10〕（二八歳・大学中退・女性）

（二〇歳前後で大学辞めて、心のバランス崩して？）そうですね。いろんなところに行って、人と話して、一応、女の子だから危ないんです。親が心配するんです、変な男の人につけられたとか、実際にヤクザの人に目をつけられたりとか、別にだれかの所に泊まっているとかじゃなくて、目をつけられたとか、親はすごく心配だったんです。結構大変でしたね、なにごともなくてよかったんです。

家出もしましたね。一日で見つかったんです。格好悪いって言われました。「二〇歳過ぎて、家出して一日で帰って来ないでよ」って。結局、いい子できちゃっているから、たばこくださいとか言って一番軽いのを買うんですよ。で、家出するんです。で、保護されて。（大学は辞めず、そのまま籍だけ置いておくということも？）考えたんですけど、うちの場合、非情ですから、「お金を払わないよ、行かないんだったら」。いろんなことをしてくれたし、習いごともさせてくれたんですが。（英語教室、専門学校も行き、海外に行く話もなくはなくて。しかし）「歳いくつ？」とか、資金の面とかでも大学に行ってないから行かせてあげようという気持ちがあったらしいんですけど。（両親のほうから？）でも、体のほうが心配で。変なムシがついたら困るとか。

事例8は、大学工学部に進学するが勉強についていけず、中退した。その後専門学校へ入学するまでの期間アルバイトをするが、「面倒な人間関係を避けてきた」ためか、いろいろと失敗を重ね、大学進学を望んでいた父親との間に葛藤が生じる。

〔事例8〕（二四歳・大学中退・男性）

何ていい人なんだろう、見ず知らずの他人のことまで話しかけてくれてと思って泣きながら聞いていて、家に帰って、父がいたから、「こんなこと言ってくれる人がいるんだよ」って言ったら、「何だ人のうちのことも知らずに」って今度は逆にキレる、我慢が足りないとか、もうちょっとしっかりやれと言われるならいいけど、「うちのことを知らないくせに」とかっていうことになって。「そんなにいろいろよく言ってくれた人がいたのに」と言ったんだけど。大学でも人を怒らせて、また人……。

7　家族状況をふまえて何が言えるか

7・1　移行の危機にある若者の実態

家族状況という切り口で、移行の危機に直面する若者の実態を見てきたわけだが、そこから見えたことをまとめてみよう。

中・高卒者と大卒者との間には違いがあるので、まず、それぞれの特徴を整理してみよう。若者に見られる一般的な傾向としては、成人期への移行のプロセスが長期化し、親への依存の時期が長くなっている。しかし、この調査の対象者のうち、中卒・高校中退、高卒者を見る限り、高学歴者と同じような意味で親への依存期が長期化しているとは必ずしもいえない。高校在学時にすでに親から小遣いをもらう段階を終了し、自分のアルバイト収入でまかなう者が少なくない。わずかとはいえ家計にお金を入れていたり、食べ物など基本的なものの購入を自力でやらざるをえない者さえいる。ひとたびアルバイトが始まると、親からの経済的自立の一歩が始まり、後戻りすることはなくなる。

彼らは、離婚と再婚、病気、死別、借金、貧困などをかかえた複雑な家庭環境のなかで暮らしていることからして、経済的に自立できること（＝親に頼らなくてよくなること）は、自分の尊厳を守り、悪条件から身を守るための最有力条件なのである。

ところが近年では、自立への開始が早いにもかかわらず、不安定な雇用、少ない収入などに規定されて、親からの完全な自立を達成するのに長期間を要するばかりか、達成すること自体もおぼつかないような状況になっていることに問題がある。親の家から出て独立して暮らしたいと願いながらも、収入が少なくて親の家を出られない者のほうが圧倒的に多い。それゆえ当然、結婚して自分の家庭をもつメドが立たない者が少なくない。

大都市の〈中・高卒放任型家庭〉に見られる特徴

将来に対する期待水準は低く、ばくぜんとしたイメージしかもっていない。このようなタイプは、欧米諸国で指摘されているように、もっとも社会的排除に陥りやすい典型的タイプといえよう。家庭環境のなかに、職業生活への準備をさせる条件がないため、当座の現金が入ればそれでよいという意識をもってしまう。その点では、正規雇用よりアルバイトのほうが合理的と考えるのである。

男性は、フリーターのままでは結婚できないと感じている。たとえフリーターを脱したとしても「妻子を養う」というような段階に達するとは信じていない。専業主婦を妻にすることは〈夢〉でしかないと認識している。結婚したら共働きを期待している。

いっぽう、女性の考え方はきわめて現実的である。フリーターの男性とは結婚を望んでいない。彼女たちの評価基準は、「安定した収入があって、お金がないという苦労をしないこと」である。職種は何でもかまわない。いずれにしても、男女ともに一定の時間軸にそって生活設計があるという状態ではない。

親子の貧困の連鎖を断ちきるためには、彼ら・彼女らの生活の全体像に対応した支援が必要で、単に仕事を与えれば解決できるというものではないだろう。職業教育や訓練とならんで生活設計や生活経営に関する教育や情報提供が必要だろう。

地方の〈就職難に翻弄される家庭〉に見られる特徴

地域経済の衰退が中・高卒層の状態を悪化させている。若年者の雇用があった時代なら、当然仕事についていて働いていたであろう高卒者が、中途半端な仕事と家庭と地域の限定された生活空間で暮らしている。大都市ほど小遣いを稼ぐ機会がないため自由になるお金も少ない。このことも行動範囲を制約することになっている。このように、働く場が十分にない地域では、職歴を積み、また社会人としての経験を積み重ねるべき年齢の若者が、社会的文化的に貧弱な環境に閉じ込められてしまう。職域の拡大はいうまでもないが、その他の分野においても、地元にとどまった若者の社会参加を促し、発達を保障する必要がある。

東北地方のケースは、地域経済の悪化の影響で、親たちの就業条件もよくない。勤め先の倒産、リストラ、減収などのため家計が悪化している。その結果、就職口がない場合でも、オールタナティブとして子どもに進学の道をとらせる経済的余裕がない。また、職業的知識やスキルを引きあげるために学校へ行かせるだけの資力がないまま放置せざるをえない状況がある。関西や首都圏と比べ、高校生のアルバイト機会は限られているうえに、高校生のアルバイトは大都市ほど一般的ではなく、学校では原則として禁止している。そのため、関西のように、早期に親から経済的に自立するという動きは見られない。

東北地方の場合は、子どもの進路に無関心というわけではないが、学校での業績に期待しているというわけでもない。地元で就職できればそれでよいという意識であるが、その就職口が乏しく、従来のような地元志向のライフスタイルを完結することが困難な実態がある。

高学歴層の〈期待はずれに直面する教育志向家庭〉に見られる特徴

関西、東北の中・高卒フリーター層と比較すると、首都圏高学歴フリーター・無業者層は、大学進学が当り前の環境で育ってきたことに大きな違いがある。前者の親たちが、子どもの学業に対してほとんど無関心であったのに対して、ここでの親たちは教育に対する関心が高く、子どもにかける期待が大きく、子どもに教育費をかけてきている。それゆえに、学校での失敗は、職業選択の過程にも負の影響を及ぼしがちである。また、「やりたいこと重視」の子育てが、子どもの全能感を高め、夢と現実のギャップを拡大し、なかなか仕事につく決心のできない若者を生み出している。

就職難に直面してフリーターにならざるをえなかった子どもに対して、一般的に親は気づかいを見せ、厳しい言動を抑制している。子どもは親に「申し訳ない」と感じ、「早く自立したい」とあせりを感じている。きょうだいとともにフリーターの場合もある。これらの家庭での葛藤は軽視できないものがある。それが爆発することも十分に予想できる。

就職難を乗りきるために、資格試験、専門学校、進路替えが試みられている。その過程で少なからず費用を捻出する必要があるが、この費用が出せるかどうかは、親の経済力にかかっている。しかし、その費用が果たして有効性のあるものかどうか不明のものも少なくない。かけた費用に対する効果という点から見て、無駄な金銭を使っているのではないかと疑わしい事例もある。

一方、首都圏では、子どもの教育に対する関心が高く、大学進学が当り前の環境で育っている。進学が経済的に可能である点は関西・東北と大きな違いであるが、それでも教育費負担を乗りきるために、母親がパートで働くことは一般的である。アルバイトは大学に入ってから開始されているが、その収入は小遣い源として不可欠である。就職難に直面して、さらに職業能力を高めるために、専門学校等に行って資格をとろうとする傾向も強く、親がかり期間はますます長期化している。学校から仕事へのすみやかな移行ができたら何の問題もなかったはずの高学歴家庭でも、長期化する移行のために、家計は圧迫されているのである。

7・2　家族からのアプローチが必要

移行の危機にある若者を家族という面から分析した結果から、次の二点を指摘することができる。

成長過程における家族への支援と介入

移行の危機に直面している若者の経歴が示しているように、早い時期から家庭の問題をかかえてきたものが少なくない。親の離婚による家族の離散、親の失業・事業の失敗・事故・病気などが原因となった貧困、子どもに対する養育放棄に近い扱いが、学校でのドロップアウトの原因となり、希薄な職業意識からくる不安定就労の原因となり、さらに本人の精神的疾患をもたらしている。

このような状況から見て、若年者の就労問題は、家族からのアプローチが不可欠であるということができる。家族への経済的・非経済的支援、情報提供や相談が充実しなければならない。場合によっては、子どもの成長過程での早期の介入も必要であろう。換言すれば、家庭環境という面にフォーカスして、青少年・若者に対する、教育・労働・福祉・医療・文化その他の連携による包括的で全体論的（ホリスティック）アプローチと、それにもとづく施策がなければならない〔宮本 2002、2004c、2005〕。

親・家族に代わる社会的支援

社会階層の違いにかかわらず、フリーター・無業期間が長くなるにしたがって、将来に対する悲観的意識が生まれる。彼らの低い所得水準では親との同居生活が三〇代に及ぶ可能性がある。もし一人暮らしをすれば、最低生活に近い状態になるだろう。自分自身の家庭をもつことも自明とはいえない状態にある。

これまで、日本は学校から仕事へのストレートな移行システムで成り立ってきたため、学校にも仕事にも、確実に所属しているとはいえない状態にある若者を支援する仕組みはきわめて未発達であった。安定した職業に就くまでのプロセスが、本人と親の個人的責任と努力に委ねられているため、親に経済力と見識があればその援助によって若者は脱出できるだろうが、そうでない場合は、先の見えない迷路にはまり込んでしまっているのが実状である〔宮本 2002、2004a〕。

こうした状況を打開するためには、学校や企業ではない公共的な支援システムを充実し、学校、家庭、企業と連携をとりながら、職につくための支援をしていく必要がある。さしあたり、再教育、職業訓練、相談、情報提供、奨学金や助成金の充実のメニューが必要である。また、危機に直面している若者がかかえている複雑な諸問題に対する総合的な支援が必要と思われる。若年者雇用の創出はいうまでもない。また、年齢段階に応じた職業教育が、生活設計・生活経営教育と並行的に行なわれるべきである。

注

（1）すべての類型を合わせて、この調査の対象者のなかで親の離婚経験者は五一人中八人、同じく再婚は三人、死別は七人で、その結果、母子家庭が九人、父子家庭が四人と、通常よりかなり高い割合を占めている。また、義理の親子関係（二人）、未婚の母（一人）もいる。

（2）地域的に見ると、関西は、親の離婚・再婚・死別のために欠損家庭や複雑な構成の家庭が多い。首都圏も、欠損家庭を含んでいるが、そうでない家庭のほうが割合としては多い。東北は、欠損家庭はなく、むしろ祖父母を含む三世代家族が多い。

終章　職業生活への移行が困難な若者

小杉　礼子

1　はじめに

第一章から第三章まで、職業への移行が困難な若者の実態とその背景としての学校や家庭のあり方を、五一のケース記録から考えてきた。

本書のねらいは、学校から職業への移行が困難な若者（＝無業・失業・フリーター）の中でも、積極的に就職先探しをするようなタイプでなく、これまでの就業支援施策をうまく使っていない若者たちの実態を把握し、その行動の背景となっている要因を分析することであった。そもそもこの調査は、移行がスムーズに行われている若者との比較を織り込んだ調査ではないため、各章でとりあげたそれぞれのケースがかかえる学校や家庭などの問題が、移行を困難にする決定的要因であるか否かという因果関係を測ることはできない。たとえば、ケースのうち幾人かは厳しい家計のもとにあり、進学をあきらめ、あるいは、高校在学中からアルバイトが生活の中心を占め、なかにはそこから家計に貢献することを求められていた。しかし、こうした状況にある若者のすべてが、職業への移行に失敗しているわけではない。そうした意味で、ここで整理した移行の困難度の高い若者の背景にある事情は、あくまでも要因のひとつとなっていることが推測されるだけである。しかし、その事情を掘りおこし議論の俎上に載せること、さらに、掘りおこした事情の相互の関連を整理してパターン分けができれば、彼らについての理解を進め、その因果の連鎖を解くための政策の立案に貢献しうるのではないか。

そうした視点から、この章はこれまでの各章で明らかにされた事情の相互の関連を整理し、移行の困難度の高い若者を理解するために、それぞれの事情のパターン分けを試みることにする。

2 移行が困難な若者の事情

第一章から第三章までの検討で、ごく簡単には、次のような移行困難な若者の事情が抽出された。

第一章では、学校から職業への移行プロセスのどの段階でどのような障壁があって、正社員での就業から離れていくのかをとりあげた。若者たちは、高校非進学、学校中退、卒業時に就職活動をしない、就職できない、早期離職、離職・離学後のアルバイト選択など、いくつかの段階で、正社員就業への経路から離れていった。この正社員就業の経路からの離脱の段階ごとに、本人の進路選択理由や背景に意識されていたもの、離脱の後の就業状況等を見た。ここから、以下のことが明らかになった。

中等教育で中退した者や卒業の見込みが立たなかった者では基本的なレベルの就業準備ができてい

ないという問題があること、地方の高卒者では就労準備ができている者でも求人が決定的に少ないため就職できないでいること、また、高等教育進学者では進路選択の失敗や不適応から中途退学していたり、自由応募の市場で応募先選択の基本的な方向付けに迷っていたために、一斉に進む新卒就職のプロセスに乗りそこなっていたこと、進学浪人や留年期間が長くなった者では、新卒就職のプロセスに乗ることそのものをあきらめる傾向があることなど。

これを就労のディメンションにおける移行の阻害要因という見方で整理すると、以下の要因が挙げられる。

①労働需要の質が変化し高校への求人が大幅に減っている。
②それは特に地方で著しく、成績も出席状況も良好な高校生が就職できないでいる。一方で、
③新規学卒採用が基本であるという労働市場の基本は変わらず、新規学卒時以外をはずした無技能の若者の正社員就職は難しい。
④非典型雇用での需要が拡大して正社員の口はなくともアルバイトの口はある。
⑤非典型雇用からの正社員登用は、限定的である。
⑥過年度卒業や留年等での年齢オーバーは新卒採用でハンディになる。
⑦いったん就職した者では、少ない新入社員に過重な負荷がかかっている。
⑧職場に仲間集団が形成されない。

図終-1の左上には、これらの要因を就労のディメンションから見える阻害要因として配した。

職業へのスムーズな移行を支援してきたのは学校である。第二章では、学校の移行支援の実態と問

図終-1　若者就業問題の構造

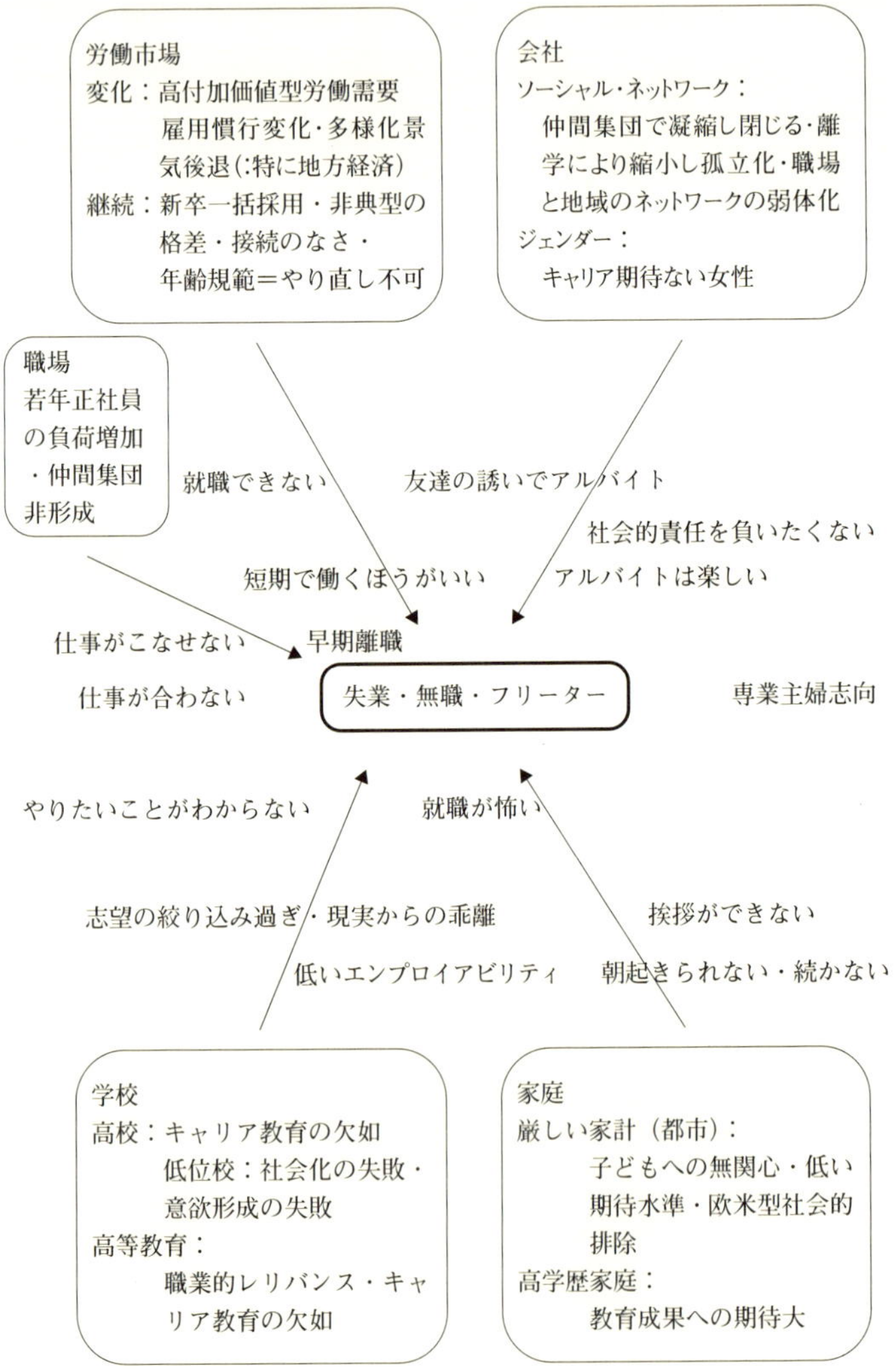
労働市場
変化：高付加価値型労働需要
雇用慣行変化・多様化景気後退(:特に地方経済)
継続：新卒一括採用・非典型の格差・接続のなさ・
年齢規範＝やり直し不可
会社
ソーシャル・ネットワーク：
仲間集団で凝縮し閉じる・離学により縮小し孤立化・職場と地域のネットワークの弱体化
ジェンダー：
キャリア期待ない女性
職場
若年正社員の負荷増加・仲間集団非形成
就職できない
友達の誘いでアルバイト
社会的責任を負いたくない
短期で働くほうがいい
アルバイトは楽しい
仕事がこなせない
早期離職
仕事が合わない
失業・無職・フリーター
専業主婦志向
やりたいことがわからない
就職が怖い
志望の絞り込み過ぎ・現実からの乖離
挨拶ができない
低いエンプロイアビリティ
朝起きられない・続かない
学校
高校：キャリア教育の欠如
低位校：社会化の失敗・意欲形成の失敗
高等教育：
職業的レリバンス・キャリア教育の欠如
家庭
厳しい家計（都市）：
子どもへの無関心・低い期待水準・欧米型社会的排除
高学歴家庭：
教育成果への期待大

題点を検討した。

第一に、高校では、就職に関して組織的な支援がなされていたが、就職に積極的ではない生徒への働きかけは、教員個人の努力に任される部分も大きかった。ある程度求人がある場合は、こうした学校の働きかけは有効だった。求人がない場合、卒業時に就職できなくても、高校の働きかけに乗っていた若者は卒業後も比較的活動的であった。

第二に、学校が主体となって支援する場合には、欠席や成績が選抜基準となる。求人が少なくなれば、欠席・成績によってそもそも支援の対象となるかどうかが左右され、学校からの支援が得られないまま無業で卒業する者を生んでいる。

第三に、学校の果たす人間関係の構築や発展という役割も、移行における可能性の拡大という点から重要である。特に非活動的な若者や高学歴者において、学校に入り直す効果は高いと考えられる。

第四に、学校の指導は、若者の目標ややりたいことにそって行なわれようとしているが、やりたいことを決めるところまで行き着かない若者には利用しにくい支援になっている。大学卒業時に「なぜ働くのか」「何を仕事にするのか」ということについて悩んだまま、就職活動から撤退する行動が見られた。

第五に、高等教育進学者には、「自ら移行を取りしきる」ことが期待されているが、移行の危機にある高等教育卒業者は、「自ら移行を取りしきる」という認識は薄く、自分が失業しているという感覚も見られなかった。就職という一時点への支援である程度安定した状態が保障された時代とは異なり、若者の自覚を強く喚起していく支援が、今学校に強く求められよう。

ここでの検討と労働政策研究・研修機構〔2004a〕の検討をあわせて、学校というディメンションにおける移行阻害要因を図終-1に配する。まず、高等学校以下の段階と高等教育段階で事情は異なる。高校以下の段階では、①学校が組織的な支援を行なうが、就業への意欲形成の指導（キャリア教育）は十分展開されていない。高校への進学決定段階で進路選択に関与させる指導も不活発な場合がある〔掘 2004〕。

②入学難易度の低い学校では、進路選択の関与ばかりでなく、学校を消極的な居場所としか意識していない高校生が少なからずいて、基本的な社会化もすすんでいない〔長須 2004〕。また欠席・成績面での低位者はそもそも支援の対象から落ちてしまう構造がある。

高等教育では、③大学進学段階での進路選択に問題があり、中途退学などにつながっている。〔掘 2004a〕。また、大学が行なう組織的支援はやりたいことが決まらない者には十分活用されていないし、「自ら移行をとりしきる」自覚をもたせるまでの指導が展開されているとはいえない。こうした進路選択の課題を乗り越える支援となるキャリア教育が、今、大学段階でも必要になっている。

④学生たちが就職活動の途上で立ちすくんでしまうのは、キャリアの方向づけができずにいるからにほかならない。大学教育の専門性が一定のキャリアの方向と関連づけられていれば、職業選択の課題への立ち向かい方も異なるだろう。わが国の大卒者の場合、技術系職種での採用は工学教育等と結びついていることが多いが、事務・営業系職種では専攻を問わない採用が多く、大学教育の内容と就業とは非常に緩やかにしか意識されてこなかったといえる。そうした結びつきのあり方にも変化が生じてきていると思われるが、改めて、大学教育を通じて形成される職業能力と就業との関係（職業的

レリバンス）を吟味すべき段階だと思われる。

高等教育進学者と高卒以下の学歴の者では移行の実態が大きく異なるが、高等教育への進学を規定するのはまず親の家計であり、また、家族・出身階層は就労への意識や態度を規定する大きな要因である。第三章では家族の影響を分析した。都市部の高卒以下の学歴者では、フリーターでも収入の一部を親に渡していた。親はお金さえ入れれば就業形態は何でもよいと見ており、子供に対する態度は無関心と放任で、子どもは特にやりたいことはないがそのことを悩んでもいない。

高等教育卒業者の場合は、大学進学が当たり前という環境で育ち、親は子どもの進路に関心が強く、教育成果に強い期待をもっていた。それゆえ、学校での失敗は子どもの進路選択に負の影響を大きく残す。また「やりたいこと重視」の志向に親は理解・共感を示すことが多く、子どもは現実的修正に出合わないまま、「やりたいこと」を唯一のよりどころとして意識する。そして時に「やりたいこと」と現実の労働市場との格差から目を背けて、選択の先延ばしをし、あるいは「やりたいこと」がないことを悩んだりしている。

さらに地方では、地域経済の衰退が家計を直撃し、就職できない場合に進学の選択をすることもできない状況があった。若者は職歴、経験を積むべき年代に、社会的文化的に貧困な環境に閉じこめられる危機に瀕していた。

家族という次元での移行の阻害要因としてとらえなおすと、まず、①都市部の家計状態が厳しい家庭が挙げられる。そこにしばしば見られる子どもへの低い関心、低い期待水準が子どもたちに与える影響は大きいだろう。高校入学と同時にアルバイトをすることが支持され、子どもたちは親から小遣いをもらう段階を終了して、自分のアルバイト収入でまかなう者が少なくない。ひとたびアルバイトが始まると、親からの経済的自立の一歩が始まり、後戻りすることはなくなる。自立への開始は早いが、不安定な雇用、少ない収入という状況では、親からの完全な自立を達成するのは困難になっている。欧米諸国で指摘されている、もっとも社会的排除に陥りやすい典型に近い。

これにたいして、②高学歴家庭では、違う形での阻害要因が生じていた。教育に関心の強い高学歴家庭の子どもたちは、ひとたび学校で失敗すると、職業選択の過程にも負の影響が見られがちであった。また、しばしば「やりたいこと」をさせてやりたいという親の想いやパラサイトを許す家計状況が、仕事選びの段階で立ちすくむ若者たちを生み出す要因にもなっていると思われる。

他方、③地方の高卒者の場合は、就業機会が非常に限定されているなかで、仕事は中途半端であり、家庭と地域の限定された生活空間で暮らしていた。大都市ほど小遣いを稼ぐ機会がないため自由になるお金も少ない。このことも行動範囲を制約することになっている。若者たちは、社会的文化的に貧弱な環境に閉じ込められた状態に置かれていた。

3　移行が困難な若者の状況のパターン

ディメンションごとに移行を阻害する要因を整理してみたが、この要因を組み合わせ、移行が困難な若者の状況をパターン化してみる。

表終-1は暫定的なものであるが、移行困難な状況を大きく五つに分けてみたものである。それぞれの状況ごとにどのようなディメンションの背景要因があるかを整理した。

まず、最下段の「機会を待つ」タイプは、労働力需要が著しく落ち込んでいる地域状況が生んだ移行困難者だといえる。ただし、就業機会がなくとも地域移動はしない。それが移行をさらに困難にしている。この調査では地方の高卒者たちに多い。フリーターを三類型〈やむを得ず型、モラトリアム型、夢追い型〉に分ける議論に副えば、〈やむを得ず型〉に当たるもので、景気回復が見られ地域経済の改善がすすめば、解消される可能性が高い。

このほかの類型は、先の三類型でいえば、ほとんど〈モラトリアム型〉にあたるものだろう。学校を離れる時点で、先の見通しをもたない、選択の先送りをしているというのが、〈モラトリアム型〉の特徴であるが、ここには多様な若者たちが含まれており、移行支援の対応策を考えるうえでは、さらにその実態を整理する必要がある。

「刹那を生きる」タイプは、都市の高卒者で多く見られた。表に示すように、学校を消極的な居場所とし、学業不振や遅刻・欠席の多い学校生活をしてきた。家庭背景も厳しいものをもち、欧米社会で言われてきた社会的排除層と共通の側面をもつ。こうした層では、欧米での若年失業問題と同じように、景気回復により求人が増えたとしても、就業への移行に困難をかかえ続けることが考えられる。

わが国の特徴としては、高等教育卒業者で多く見られた「立ちすくむ」若者の問題が大きいのではないかと思われる。わが国の産業界の要請する職業能力と大学の専門教育の関係がこれまで、非常にゆるやかなものだっただけに、大卒者のキャリアが多様化し選択の幅が広がるなかで、起こっている問題だと思われる。キャリア教育の側面を強めるとともに、職業能力と教育との関係を改めて捉え直

表終-1　移行が困難な若者たちの状況のパターン化（暫定）

困難状況のキーワード	労働市場	学校	家庭	社会等
刹那を生きる	高校への求人が少ない／友達の誘いでアルバイト・アルバイトはお金のため／労働力需要に対して低いエンプロイアビリティ	学校は消極的な居場所／高校中退／遅刻・欠席・学業不振／学校の就職斡旋に乗れない	厳しい家計状況／親の子どもへの関心が低い／朝起きられない、基本的生活習慣の未確立	地域の友達との関係が密だが閉じている。他の地域には出ていかない／やりたいことは特にない／友達もみな同じような進路／遊ぶ金のためにアルバイト
つながりを失う	学卒就職のプロセスに乗れない／正社員就業の経験がなく履歴書が書きにくい／就労への希望はあるが、社会的関係の構築に課題	友人関係など、人間関係の形成に失敗／学校の就職斡旋に乗れない	親の転勤が多い家庭であったケースも	学校契機の友人関係はほとんどない／就職後に何らかのトラブルで離職して、そのまま社会との関係が縮小してしまうケースも／人と話さない生活がさらに対人能力を低下させ就職できない悪循環も
立ちすくむ	大卒時点で就職活動はするものの、キャリアの方向付けができず限定的な活動／志望の絞り込みすぎ	キャリア志向なく高等教育に進学／専門教育の職業的レリバンスなし／大学の就職支援活用も限定的	大学が当然という家庭／親は教育達成に関心が高い／自己実現志向にも理解を持つことが多い	皆がするから就職活動というのでなく、自分の課題として取り組んだ／親には申し訳ないという気持ちが強い
自信を失う	就職するが要求される水準の仕事がこなせず早期離職／迷惑をかけないために短期のアルバイト／2浪2留などで年齢が高いため就職をあきらめるケースも	専門教育の職業的レリバンスなし／大学の就職支援を活用	大学が当然という家庭／親は教育達成に関心が高い	心身ともに疲れた状態、次の仕事はゆっくり探したい
機会を待つ	高校への求人が少ない／地域経済の衰退		就職のため親元を離れることは希望しない	地元志向が強い

していくことが必要になっている。

「つながりを失う」タイプは就業以前の社会関係の構築から支援を要する。支援の体系化が必要なタイプだろう。

「自信を失う」タイプは、心身ともに疲れた状態であった。時間の経過と共に、意欲も高まる傾向があり、当初は短時間の就業を望んだりしているが、徐々にフルタイムの就業への意欲も回復してくると考えられる。相談を中心とした支援が有効だろう。

4　有効な支援策を考える

以上の検討から、若者就業支援策として、次のような対策が有効ではないかと考えられる。

第一に、地域主導のワンストップ、またはネットワーク型のシステムにより、多様なニーズに合わせた幅広い就業支援サービスを体系的に提供できる体制をつくることである。

安定的な雇用を得て、継続的に就業することは、若者が大人になり一人前の社会の構成員になる過程の一つである。大人になるための他の課題（親の家計からの独立や自分の家庭をもつこと、納税や社会保険への加入、社会参加、政治参加など）と密接に絡んでいる。特に移行が困難な若者の場合は、学校を中途退学していたり、引きこもりの経験をもっていたり、所属集団がないことから孤立し不安をかかえている場合もある。「つながりを失った」タイプでは、就業の前段階で学校への復学や社会参加をサポートすることからはじめることが必要な場合もある。時には、医療機関との連携が必要なこともあろう。

これから就業の問題だけを取り出して対応することは有効ではないし、また、サービスを利用する側にとってみればひとつながりの問題である。社会知識も経験も少ない若者にとって、サービス機関を使い分けることは難しく、また、わかりにくい。利用する側のニーズに立てば、ひとつの組織で広く対応できるか、あるいは、連携して問題解決にあたる対応が必要である。これは同時に、幅広い対象へのサービスの提供ということでもある。すなわち、特に就業への移行が困難なものに対象を絞ると、対象者にとってはスティグマ（らく印づけ）に感じられるかもしれない。多様な層に多様なサービスを一つながりで提供することの効果はこの面でも期待できる。

また、労働と教育、家庭、社会にかかわる問題を解くには、その連携をとりやすい地域行政が主導的役割を果たすことが望ましい。

そこで若者に対して提供するサービスとしては、就職斡旋や教育訓練機会への接続、キャリア形成を支援するガイダンス・カウンセリング、情報提供や就業体験等の機会の提供が考えられる。このほか、ソーシャル・ネットワークを拡大する契機を提供するために、職業・労働の範囲を超えた文化活動などの経験と交流の機会を提供するプログラムや、雇用機会の限定された地域、あるいは個人の情況によっては、雇用に限らないボランティアなどの社会参加のプログラムも考えられる。また、こうした事業は若者側の目線からの組み立てが重要であり、そのため、プログラムの企画・運営側に若者をとり込んでいくことも必要だ。

第二に、学校教育の充実と同時に学校以外の社会化装置による補完的支援の提供である。

本調査から、初期の学校への適応の失敗（不登校、逸脱、中途退学）が、あとあとまで個人のキャリア展開の障壁となっていることが明らかになった。また、学校の社会化機能は低下し、他方、早く学校から離脱する層では、家庭環境の面でも、親自体も不安定就労で、お金さえ入れば子どもの就労形態や仕事内容に関心はなく、子どもへの態度は無関心と放任という、子どもに職業への準備をさせる条件を備えていないことも少なくなかった。こうした「刹那を生きる」タイプの家庭環境は欧米諸国で指摘されている最も社会的排除に陥りやすい典型と一致するところがある。その家庭の機能を補完し、同時に、低下した学校の機能をどう回復するかが、難しく、また、大きな課題となっている。

学校の機能の強化は、現在進められている日本版デュアルシステムのような産業界との連携の下で、職業訓練の要素を強めることではかられる部分があると考えられる。学校的価値になじまない生徒もアルバイトに熱心なのは、お金がほしいという動機だけでなく、産業界の教育力の賜物という面もあろう。学校教育に産業社会の教育力を取り入れる様々な工夫が期待される。

また、学校以外の組織が、学校生活への適応をサポートしたり、ソーシャル・ネットワークを広げる機会を提供して、逸脱を引き止め、職業準備をすすめる援助したりすることは、有効だろう。その際、支援が求められるのを待つのでなく、積極的に介入して後押しする、場合によっては家庭訪問まですするアウトリーチ的な手法を取り入れることが有効性を増すための課題となるだろう。

第三には、高等教育におけるキャリア教育と職業的な専門教育の展開である。高等教育での中途退学や低調な就職活動の結果、無業・フリーターになる若者は多い。この背景に、中等教育段階でのキャリア教育が不十分であることもあるが、高等教育機関自体としての問題もあろう。「立ちすくむ」タイプの高等教育卒業者への対応のためには、高等教育と職業の関係のあり方（レリバンス）を改めて検討する必要があるし、キャリア形成支援（インターンシップなどのキャリア教育のほか、転科・転部・転学等のキャリア形成のための進路変更の支援を含む）のための体制を整備することも重要だろう。

そして、第四には、新規学卒の就職・採用慣行の見直しである。卒業見込みの学生・生徒と、いったん学校を卒業したり中退したりして離れた若者に対する就業機会はあまりにも異なる。卒業時点までの就職プログラムにうまくのって、タイミングをはずさずに就職できた者と、そのいずれかの段階で立ちどまったり、つまずいたりした者との差はあまりに大きい。経験者の採用とは異なる枠組みでの未経験者の若者の採用の仕組みは必要だか、それは卒業のかなり前に決着がつくような今の仕組みでいいのだろうか。現在の若者たちの困難な状況を生んでいるひとつの原因はその仕組みである。産業界にとってもこの仕組みが本当に効果的なものなのだろうか。日本型の雇用慣行が変化している現在、入り口をあらためて考え直す必要がある。

日本の本格的な若年者就業支援策は、今動きはじめたばかりである。今後は新たな施策の展開をフォローしつつ、若者の実態と実施段階に移された施策との対応を考えていく必要があるだろう。

引用・参考文献（著者のアルファベット順）

G・ジョーンズ／C・ウォーレス　1996『若者はなぜ大人になれないのか――家庭・国家・シティズンシップ』宮本みち子監訳・鈴木宏訳　新評論
玄田有史・曲沼美恵　2004『ニート　フリーターでもなく失業者でもなく』幻冬舎
Jones, Gill　2002　*The Youth Divide*, Joseph Rowntree Foundation
樋田大二郎　耳塚寛明　岩木秀夫　苅谷剛彦編著　2000『高校生文化と進路形成の変容』学事出版
堀有喜衣　2004a「学校という包括的支援機関」『移行の危機にある若者の実像―無業・フリーターの若者へのインタビュー調査（中間報告）』労働政策研究報告書　六号、労働政策研究・研修機構
――　2004b「無業の若者のソーシャル・ネットワークと支援の課題」『日本労働研究雑誌』五三三号
本田由紀　2004「トランジションという観点から見たフリーター」『社会科学研究』第五五巻第二号
苅谷剛彦　1991『学校・職業・選抜の社会学』東京大学出版会
――　1995『大衆教育社会のゆくえ』中公新書
小杉礼子編著　2002『自由の代償／フリーター――現代若者の就業意識と行動』日本労働研究機構
――　2003『フリーターという生き方』勁草書房
――・堀有喜衣　2003「学校から職業への移行を支援する諸機関へのヒアリング調査結果――日本におけるNEET問題の所在と対応」JILディスカッションペーパー
――　2004「若年無業者増加の実態と背景――学校から職業への移行の隘路としての無業の検討」『日本労働研究雑誌』五三三号
――・堀有喜衣　2004「若年無業・周辺的フリーター層の現状と問題」『社会科学研究』第五五巻第二号
厚生労働省　2004『労働経済白書』

工藤啓　2004　若年就労支援現場レポート二号（unpublished report）　東京ＮＰＯ育て上げネット
宮本みち子　2002a　『若者が〈社会的弱者〉に転落する』洋泉社
――――　2004a　『ポスト青年期と親子戦略』勁草書房
――――　2004b　「家族・親族状況から見た移行」〔労働政策研究・研修機構 2004a〕所収
――――　2004c　「社会的排除と若年無業――イギリス・スウェーデンの対応」『日本労働研究雑誌』五三三号
――――　2005　「長期化する移行期の実態と移行政策」社会政策学会編『若者――長期化する移行期と社会政策』法律文化社
耳塚寛明編　2000　『高卒無業者の教育社会学的研究』文部省科学研究費報告書
――――　2003　『高卒無業者の教育社会学的研究』（2）日本学術振興会科学研究費報告書
長須正明編　2001　『フリーター』学習研究社
――――　2004　「彼ら・彼女らにとって学校とは何だったのか」『移行の危機にある若者の実像――無業・フリーターの若者へのインタビュー調査』（中間報告）労働政策研究報告書　六号　労働政策研究・研修機構
日本労働研究機構編　1998　『新規高卒労働市場の変化と職業への移行の支援』調査研究報告書一一四号
――――　2000a　『フリーターの意識と実態――九七人へのヒアリング調査結果より』調査研究報告書一三六号、日本労働研究機構
――――　2000b　『進路決定をめぐる高校生の意識と行動――高卒「フリーター」増加の実態と背景』調査研究報告書　一三八号、日本労働研究機構
――――　2001　『大都市の若者の就業行動と意識――広がるフリーター経験と共感』調査研究報告書　一四六号、日本労働研究機構
――――　2003　『諸外国の若者就業支援政策の展開――イギリスとスウェーデンを中心に』資料シリーズ

一三一号　日本労働研究機構
OECD　2000　*From Initial Education to Working Life: Making transitions work*, Paris: OECD.
――――　2002　Employment *Outlook*, Paris: OECD.
沖田敏恵　2003「社会的排除への認識と新しい取り組み――コネクションズサービス」『諸外国の若者就業支援政策の展開――イギリスとスウェーデンを中心に』資料シリーズ　一三一号　日本労働研究機構
――――　2004「ソーシャル・ネットワークと移行」『移行の危機にある若者の実像――無業・フリーターの若者へのインタビュー調査』（中間報告）労働政策研究報告書　六号、労働政策研究・研修機構
労働政策研究・研修機構　2004a『諸外国の若者就業支援政策の展開――ドイツとアメリカを中心に』労働政策研究報告書　一号　労働政策研究・研修機構
――――　2004b『移行の危機にある若者の実像――無業・フリーターの若者へのインタビュー調査』（中間報告）労働政策研究報告書　六号　労働政策研究・研修機構
Ryan, Paul and Christph F. Buchtemann　1996. "The School-to-Work Transition", Gunther Schmid, Jacqueline O'Reilly and Klaus Schomann ed., *International Handbook of Labour Market Policy and Policy Evaluation*, Edward Elger.
――――　2001　"The School-to-Work Transition; A Cross-National Perspective", *Journal of Economic Literature*, Vol. XXXIX.
（社）部落解放・人権研究所　2004『社会的に不利な立場に置かれたフリーター――その実情と包括的支援を求めて』
総務省　2002「国勢調査」
――――　2002「就業構造基本調査」
――――　2003「労働力調査」
上西充子　2002「フリーターという働き方」〔小杉礼子編　2002〕所収

若者自立・挑戦戦略会議　2003「若者自立・挑戦プラン」http://www.keizai-shimon.go.jp/2003/0612/0612item3-2.pdf
山田昌弘　2004『希望格差社会』筑摩書房

初出について

本書は、労働政策研究・研修機構の報告書および諸誌に掲載した論文を基に、大幅に加筆し、発展させたものである。最初に発表したものを示し、掲載の機会を与えていただいたことに感謝したい。

序章　若年無業・失業・フリーターの増加

小杉礼子「若年無業者増加の実態と背景——学校から職業生活への移行の隘路としての無業の検討」『日本労働研究雑誌』533号　2004年

第一章　「スムーズな移行」の失敗

小杉礼子「職業への移行プロセスと障害」「移行の危機にある若者の実像——無業・フリーターの若者へのインタビュー調査（中間報告）」労働政策研究報告書No.6　2004年

第二章　支援機関としての学校　書き下ろし

第三章　家庭環境から見る

宮本みち子「家族・親族状況から見た移行」（同上報告書）

終章　職業生活への移行が困難な若者

小杉礼子「職業への移行が困難な若者の背景を考える」（同上報告書）

執筆者略歴

小杉　礼子（こすぎ・れいこ）　編者、序章、第1章、終章
1952年　神奈川県に生まれる
1975年　東京大学文学部卒業
現　在　独立行政法人　労働政策研究・研修機構副統括研究員
主　著『自由の代償／フリーター――現代若者の就業意識と行動』（編著）日本労働研究機構、2002年
『フリーターという生き方』（勁草書房、2003年）

堀　有喜衣（ほり・ゆきえ）第2章
1972年　茨城県に生まれる
2002年　お茶の水女子大学大学院人間文化研究科単位取得修了
現　在　独立行政法人労働政策研究・研修機構　研究員
主論文「無業の若者のソーシャルネットワークと支援の課題」『日本労働研究雑誌』533号、2004年

宮本みち子（みやもと・みちこ）第3章
1947年　長野県に生まれる
1975年　お茶の水女子大学大学院家政学研究科修士課程修了
現　在　千葉大学教育学部教授、社会学博士
主　著『未婚化社会の親子関係――お金と愛情にみる家族のゆくえ』（共著、有斐閣、1997年）
『若者が〈社会的弱者〉に転落する』（洋泉社、2002年）
『ポスト青年期と親子戦略』（勁草書房、2004年）
訳　書　ジル・ジョーンズ／クレア・ウォーレス『若者はなぜ大人になれないのか――家族・国家・シティズンシップ』（新評論、1996年）

フリーターとニート

2005年4月15日　第1版第1刷発行
2006年7月25日　第1版第5刷発行

編　者　小《こ》杉《すぎ》礼《れい》子《こ》

発行者　井村寿人

発行所　株式会社　勁《けい》草《そう》書房

112-0005　東京都文京区水道2-1-1　振替　00150-2-175253
（電話）編集　03-3815-5277／FAX 03-3814-6968
（電話）営業　03-3814-6861／FAX 03-3814-6854
本文組版　プログレス・理想社・青木製本

ISBN4-326-65304-3　Printed in Japan

http://www.keisoshobo.co.jp